高考语文

热点作家作品精选

我没有草原，但
我有过一匹马

凉月满天/著

杨士兰/点评

哈尔滨出版社
HARBIN PUBLISHING HOUSE

精短的句式、对话，细节的铺陈，细致入微又带着悲悯的人世观察……但她不是简单地模仿，事实上也是模仿不来的——在这方面，作者有了自己独特的风格。看作者的许多文字，无论是写他人还是自己，世事还是意趣，情感是奔涌的，但似乎是暗流；时空不断变幻，但总归于平静。作者总是以一个冷静的叙事者的角度，剖析、描画、热爱着这个世界和人们。

——张笑阳（《读者·原创版》主编）

人的生活是烦琐的，生命的意义隐微难见，作者满天的文字却让人甘心咀嚼这貌似无味的生活过程，然后从里面体味到一种隐性的快乐和理性的升华，而不会流于表面的光鲜亮丽。在她抓住的一个个美丽的瞬间里，读者会随之叹息、深思、奋起，而这，也恰是生命的意义。"如同本味的食物是食物的最高境界，本味的生活也是生活的最高境界。"回眸处，你会发觉，那些难以用言语表达的感悟已清晰明了地顺着作者满天的文字自然而然地引入到自己的心扉和脉络。

——吕秀芳（《青年文摘·红版》主编）

凉月满天的作品好就好在不让人觉得它们是文章，在那里难寻着技巧，在世事沧桑的心灵陈述中，流露出的是秋日般的从容、辽阔与沉稳。作者在极为有限的篇幅中，引经据典，变化多端，跳出了排比归纳的窠臼；自由地穿越在古今中外之间，不断地吸收新知，不断地省视自身，触觉敏锐，思考深入，独有慧心，做到了博通蕴藉，晶莹和谐。

——吴子林（中国社会科学院文学研究所研究员）

博采丰润，明绚其魂

杨士兰

凉月是高我一届的师姐，虽然同在中文系，但是，我们在曾经共同生活过的校园里，并没有相识。后来的相识缘于文字。

在我开始写作之后，偶然见到了她的文字，很是喜欢。不仅仅是喜欢，应该是心有戚戚。她的文字博采丰润，明光绚烂，魂足神完，仿佛繁杂尘世夹缝中流泻出的一段高山流水般的天籁，读完，整个人就清凉澄澈下来。

爱其文，便对其人有了渴慕亲近之意。遂百度"凉月满天"，找到关于她的介绍，她的名字后面，写着河北正定人，福至心灵，竟然想到：这个名字貌似很熟，会不会是老同学？

于是，我加了她的QQ，在验证消息里，我写道："是石家庄师专中文系90届的吗？"很快，我收到了回复："我是89届的。"虽然出现了一点误差，暗号，还是对上了。

这次，凉月师姐要我为她的新书《我没有草原，但我有过一匹马》写点评，因了这个机缘，我有了一个全面了解她并向她学习的机会，也有了我和师姐的一次心灵交流。

其实，这本书也是作者和亲爱的读者们的一次心灵之旅，我有幸参与其中，幸甚！

这本书分为六辑，第一辑《读一本好书》关于读书，有书评，深入故事的内核，述说自己体验到的震撼；有自己和书的故事，童年，壮年，与书相伴的日子，桃花朵朵开。读书不是为了什么，没有功利没有目的，只有收获一份清净安闲。

第二辑《看一场电影》关于电影，是视觉影像和方块字的完美结合。一篇篇影评，还原了影片的经典核心场景，用敏锐的目光、犀利的文字，捕捉影像背后的纠结苦痛，放大了给读者。电影用意象打动观众，作者用文字，把读者揉一个"肝肠寸断"。

第三辑《走一段长路》关于游历。文人是需要走出书斋的，倘没有用双脚丈量过山川，倘没有小桥流水以娱双目，闭门造车的文字必然是僵硬的呆板的。所谓"读万卷书，行万里路"，真真是写作的秘诀，有了天地精华自然之气的浸润，衣食住行皆可入文，文字又怎会不灵秀隽永呢？

第四辑《发黄的老照片》关于人物，为身边普通人画了一组群像。有亲人、有朋友、有老师、有邻居，在作者的笔下，他们鲜活了起来。他们在作者的生命里，经由她的笔触，走近读者的生命。随他们一起哭，一起笑，一起痛着人生共同的痛。

第五辑《我思故我在》关于哲思，从生活碎屑中撷取点点精华。幸福与苦难、奔跑与惬意、奋斗与享受、自我与独立，乃至创作中的点滴感悟，都经由作者一颗慧心捕捉，一支妙笔描摹，轻轻地不着痕迹地叩问读者，或许会惊起阵阵轰鸣。

第六辑《有情世界》关于情感，人生岂能无情？作者一支笔更是情深义重，父亲的爱，写自己的几大遗憾，蕴含着我不敢老去的伤痛；母亲的情，抱着那个掐着细腰的女儿枕，又笑又疼；写友情，写人心，写生命不能承受的重……不由得让人泪落如雨。

读作者的文字，华美如锦缎，触之柔滑可喜；朴实如青草，青翠延绵；犀利如霹雳闪电，劈开混沌，灵光乍现……

看似信手拈来的文字，实则结构谨严、思维缜密，高中学生读来，篇篇堪称学习写作的范文。

读之，品之，受益匪浅。

是为序！

（杨士兰，儿童文学作家。）

披花拂叶过一生

凉月满天

人的一生是由什么构成的？

毫无疑问，书籍是重要的组成部分。不读书的人也是可怕的，因为他的视界狭窄得可怕，思想低弱得可怕，承担重压的能力小得可怕，精神贫乏苍白得可怕；一个读书的人更是可怕的，因为他的视界开阔得可怕，思想深邃得可怕，承担重压的能力大得可怕，精神丰富高贵得可怕。

电影也是诗意生活的重要组成部分。这个世界上，还有什么比电影更能让我们无限畅想，经验生活的无数种可能的？在别人的电影里活着我们自己的人生，这才是电影存在和大行其道的理由吧。

若想丰富人生，行万里路更是不可或缺。不一样的路程，不一样的风景，不一样的心情。走四方，路迢水长，当我们重回生活，一切都于悄然间变得不一样……

那么，点上一支烟，或是泡起一壶茶，听着一段如水一般的音乐，宁静的斗室里，思绪回到遥远或者不遥远的从前。以为已经遗忘的人和事，就这样在脑海里鲜活，舒展，啼笑间，重续和这个世界的因缘。那是独属于每个人自己的财富，没有过去的人，没有资格论及现在，畅想未来。

笛卡儿说："我思故我在。"如果没有思想，人就像头尾相衔、在花盆边沿转圈的虫，明明只要爬下花盆即可断掉这种令人绝望的循环，却是一圈又一圈，不死不完。一个人拥有独立的思想是卓越的，这种卓越高贵得令人仰望。

而我们生在这烟火红尘，有情人间，世间种种，情字最大。有它在，我们冷不怕，饿不怕，孤独不怕，寂寞不怕，苦寒不怕，艰险不怕。小心啊，千万不要教生的细枝末节淹没了它，亦不要背弃叛离了它。

若是此生有书得读，有电影可看，有路可走，有回忆，有思想，有温情，即可令我们披花拂叶过一生，有泪可落，却不是悲凉。本书即是本着此一宗旨，精选自己读过的书、看过的电影、走过的地方、记忆中的人和事、自己的所思所想，以及拥有的亲情、友情、爱情，将由此产生的人生体验与读者诸君分享，好比分桃分瓜的汁水淋漓中，有着炎夏一同嬉闹的蓬勃快意；又好比分饼分酒的寒静淡定里，有着秋凉时节同看天上明月的静美流转。

唯愿读者诸君安好一生。

第**1**辑

读一本好书

不读书无以承继历史，无以开辟未来，无以丰富雅正内心世界。读活书，活读书，读书活，则是读书的最高境界。书是好友，陪伴一生。

第2辑
看一场电影

在电影的世界里，我们不讲技术，只讲情感；不讲功利，只讲心灵。我们歌哭笑泪，替别人活着人生。谁又能说，我们看着别人的故事，流着自己的眼泪的时候，不是在目睹自己曾经活过与未曾经验的无数种人生？

第3辑
走一段长路

山山水水，雨雨风风，花花草草，村村城城。心在远方，是因为远方处处有美景。心在他乡，是因为他乡美好，亦如回不去的故乡。

第**4**辑

发黄的老照片

光阴如纸，脆旧发黄。曾经鲜活在面前的人，都步入记忆深处，好比青色的天光下，一个个渐渐没入深宵的背影。不怀念吗？不是的。可是回不去了。光阴已过，我们都回不去了。

第**5**辑
我思故我在

犹太人的格言说："人类一思考，上帝就发笑。"可是上帝一笑再笑，也阻不住人类奔腾的思考。没有思考，又如何确立"我"之为"我"，而不是别人，不是另一个？所以笛卡儿才会理直气壮地宣称："我思故我在。"

第**6**辑
有情世界

花开花谢，叶荣叶凋。父母儿女，好友亲朋，大千世界，有情菩提。有情即有欢歌笑泪，若是无情，整个世界都不好了。

第**1**辑

读一本好书

　　不读书无以承继历史，无以开辟未来，无以丰富雅正内心世界。读活书，活读书，读书活，则是读书的最高境界。书是好友，陪伴一生。

不兼容的军规和人性

作家心语： 战争毁灭良知，人性拯救罪恶。

《第二十二条军规》是美国作家约瑟夫·海勒写的一部黑色幽默小说，可是，我在它里面找不出多么幽默的东西，相反，荒诞、沉痛、滑稽、血腥交织在一起，像沼泽，构成一大片让人沉陷的激愤与伤感。

它是对打着国家旗号的荣誉、牺牲、服从等美好字眼的无情嘲弄。这一切被媒体大肆宣传，以至深入人心，但在约瑟夫·海勒的笔下却显得如此荒谬，并且张着利口，吞噬着一个又一个年轻蓬勃的生命。

一群被远派海外的军官奉命执行对敌对国家的轰炸任务，需要架着飞机，一路飞到投弹目标上空，冒着密集的高射炮火网，投下炸弹，然后狼狈逃窜。运气好的话，可以有惊无险；运气差的被击落，在半空爆炸，粉身碎骨。或者在完全没有防空火力的小村庄上空投下炸弹，把不知闪避，甚至成群出来看稀奇的老弱妇孺炸得血肉横飞，房屋被夷为平地，只是为验证一下不知哪个浑蛋官员凭空想出来的新词——投弹散布面，目的是为在上空可以拍下比较壮观的照片。

以尤索林为代表的飞行员们的飞行次数规定是25次，后来涨啊涨，一直涨到了70次、80次，这期间有人送命，有人受伤，有人发疯到天天和一只猫打拳击。但只要不死，就没有一个人可以结束自己的任务。

这些轰炸手、驾驶员、副驾驶，都被一条荒谬至极的军规牢牢捆住动弹不得，这就是第二十二条军规。这条军规规定：如果谁精神不正常，可以获准不再参加轰炸任务，只要他自己能够证明。如果自己能够证明自己精神不正常，那就说明他的精神没有不正常，他就需要继续执行轰炸飞行任务。

圈套就在这里。

它把人们搞得全都要发疯，不是死于非命就是发了疯之后再死于非命：亨格利·乔天天和一只猫打架并且夜夜做梦梦见猫睡在自己的脸上，闷得自己透不过气来，天天大喊大叫。

弗卢姆上尉被怀特·哈尔福特威胁着要一刀切断他的喉咙，吓得他跑到树林子里当野人，下雨的时候都不敢回帐篷。

而怀特却坚持一定要让自己死于肺炎，结果冬天来了，他果真患肺炎死去。

尤索林因为胆怯只好在轰炸目标上空再兜回一次，造成人员伤亡，飞机报废，却获得一枚勋章，而他领奖的时候却赤条条站在队伍里，让勋章没有地方可以别。

这种轰炸任务把官兵们弄得不是精神紧张得要发疯，就是良心不安得巴不得死去。得到厚利的是那些愚蠢、粗暴、拿官兵性命来换取前程、肩章、绶带的卡斯卡特上校、德里德尔将军等一小撮狂热好战分子——之所以狂热好战，是因为他们永远也不会被派上前线。

这样一群被战争机器压得变了形的活鬼一边杀人，一边被人杀和被猫杀，一边无可避免地意外死去（一个被飞机螺旋桨切成了两半，而那个把他切成两半的人架着飞机撞向山头）。他们无可逃避，因为将军要荣誉，上校要升职，在种种压榨之下，人命不如一只蚂蚁。

众多人物里面我对一个人的印象格外深刻：

长着龅牙、嘴里含着七叶树果子，要不就是山楂树果子——一边一只，成天傻笑的奥尔。不断傻笑，不断做荒唐事，不断被击落，不是把飞机肚皮着地紧急迫降就是扑通一声掉进水里，然后他划着一支蓝色塑料小桨把他的机组人员救出来，还在大雨滂沱的海面冲茶给他们喝。他还不断地修炉子，在他失踪前他做的最后一件事就是帮尤索林修了一个漂亮的炉子，好让他冬天不挨冻，并且有热水洗脸。然后——他就消失了。飞机被打到海里去，他和机组人员分开，自己上了一条小救生艇，用小木勺一样的塑料桨，顶着瓢泼大雨，一路划到了中立国瑞典。他胜利了，他用心计和智慧使自己既保全了性命，又远离了战争。这是一个可爱的小子，不仅不傻，而且精明，虽然精明，却不奸猾，善良、友爱，身上闪耀着人性的光辉，并且用自己的方式追求自己生存的权利。

是的，人性。人性至上。它凌驾于国民性、政治性之上，是最基本的东西，为人而须具备的最真切可贵的品质。人而为人，靠这一种普遍的性质支撑，善良、天真、自信、互助，诸如此类的正面道德支撑起整个人类发展的框架结构。不过，在荒谬的战争里，到处是欺诈、仇恨、迫害、幸灾乐祸。哪怕同处一个阵营，也那样的仇视和不共戴天。人性已经被侵吞，被挤压变形，被消解到将归于乌有。

闪耀着人性光辉的，还有那个倔强、鲁莽、粗心大意的尤索林。用战争和军人的眼光来看，他不够勇敢，甚至是一个胆小鬼；用道德的眼光来看，他是个败坏分子；用处世眼光来看，他不够包容，动不动威胁别人离他远一点。可是从他的眼睛里看出去的世界，原本就是荒谬绝伦的，一切都只不过披上了一层漂亮的外衣，内里是钻营、谋求、腐化、堕落、无耻、迫害、打击，又怎么能要求他做一个正人君子呢？可是他没有泯灭了作为一个人的良知，而不是军人的所谓道德正义感和爱国精神。

作为一个人，而且活得这样清醒，只好痛苦。他有权保卫自己的生命，而不是为了那些所谓的国家和责任去一次又一次地冒着生命危险飞行。

他也抗争，并且取得了效果。只要和卡思卡特上校等无耻之徒达成一个单方面的协定，回国去给他们大肆宣传，他就可以光明正大地回国去接受慰问和鲜花。结果他不肯，有奥尔成功的例子鼓励，他采取了艰苦的逃跑方式——他要在天罗地网的追捕之下只身逃往瑞典。

两枚从战争机器上主动脱逃的螺丝钉，身上闪耀着人性的光芒。

战争永远会存在，可是战争永远不该发生。丑恶永远存在，可是丑恶应该深埋地底，而不是趁着战争或者其他诱因肆虐和疯狂。希望到了最后，可以有一天，人类不会再有战争、穷困、牺牲、卑劣，人性把整个世界都笼罩上一层美丽的光辉，好比朝霞，预示新生。

点评

本文是对小说《第二十二条军规》的赏读，作者抓住了小说的核心命题，从整体到局部，运用反衬的写法，把情节中张力十足的冲突揭示得淋漓尽致。那些浑蛋官员为飞行员们制定的荒谬军规、大多数飞行员的惨烈情况，构成了一个荒诞的压抑得透不过气来的大背景，正是在这样的背景下，两名飞行员的逃脱才更鲜明地彰显了人性的光辉。

花儿本是心里的话

作家心语： 花儿本是心里的话，不唱由不得自家。

早就知道现在的西安就是古代的长安，也知道它是13个朝代的帝都和中华文明的发源地，但是，对它有了鲜明的印象乃至向往，还是从一本书——《藏着的关中》开始。

在这样一个不折不扣的读图时代，这本书真正地文图相生。文与图的作者胡武功是陕西一位纪实摄影家，几十年来跑遍陕西的角角落落，经历过各种各样的艰辛曲折，拍摄了大量具有强烈视觉冲击力和震撼力的照片，给我们留下了关中最原汁原味的生活图景。

昔日关中，大汉盛唐气象万千，驷马高车美人环佩；现在，一切都如风而逝，只留下了13个王朝的帝王陵寝，一片冷落，繁华不在。农民在唐献陵前拉犁耕地，牧童在黄帝陵柏林中放牧，茂陵刘郎汉武帝，身后无非是一个庞大的土馒头。小麦成熟，一辆拖拉机拉着满满一车横七竖八的麦捆，转弯欲行，残破的石碑、长满苔藓的翁仲……

关中男人善农耕，女人善纺织。唱秦腔、耍社火、送花灯、做礼馍……关中还保留着不少人文习俗的原生态，包括面条像裤带、辣椒当咸菜、锅盔像锅盖、泡馍大碗卖、唱戏吼起来、板凳不坐蹲起来……

摄影家同时也是一位底蕴厚重的作家，直观的照片背后是意义深远的历史长河的沧桑变迁，这又使摄影家的文字充满悲悯与热爱、智慧和思辨，他是这样阐述他拍摄的初衷的："数千年的农耕与游牧文化是我们的根，是我们独立于世界民族之林的旗帜。其中尤其不乏仁爱道德的温情，礼义廉耻的准则，弘扬生命的赤诚。然而，毕竟一个时代结束了，传统的书本文化已经僵死，过去的俗文化也不可再生……正是从这种意义上，作为传统形态文化变迁的目击者，我决定拍下那些一去不返的瞬间，希望这些历史不要被人们如此之快地遗忘。"

《麦客》是这本书里最震撼人心的一张照片，一个壮年汉子在弯腰挥镰的瞬间被摄影师按下了快门，健壮的躯体、勃发的生命力、满面尘灰与汗水，都被定格，再配上详细和充满感情的解说文字："……这样的苦日子，一日两餐唯洋芋的生活，把麦客推向一年一度千里奔徙挥镰割麦出卖苦力的境遇……麦客的'花儿'，唱出了对自然的不平，对苦旅的哀怨，对亲情的思念。叫人震惊，叫人同情，叫人无可奈何。"

这里没有香车美人、湖光胜景，这样的图，的确是用来读的，不仅用眼，更要用心。发黄的照片记录的一草一木都映照着历史，每一个剪影都事关国计民生。

作者在后记中写道："我不受制于什么外力，也不为直接功利驱使，像麦客一样，拍摄与割麦均为一种生命存在的方式。"我欣赏这样的生存和生活方式，尊敬心中有梦和敢于一路追梦的人。漫天扬起的物质烟尘里还有人肯这样甘于孤寂，这样的精神或许幽微，却足可烛照心灵。真的，心若在，梦就在，梦若在，苦就在，苦若在，乐就在。

我不懂摄影，为什么会热衷于写这样一篇与摄影有关的书评，套用书中引用的一句麦客唱的"花儿"："花儿本是心里的话，不唱由不得自家。"

点 评

摄影、写作和歌唱都是生命的一种表达方式。作者的这篇书评就是一篇自在的表达，就是在读图之后从心里流淌出来的话，是照片投诸心海激起的层层涟漪，不加粉饰，就这么自自然然活活泼泼地流淌出来。把心里的话变成文字，就是一篇动人心的好文。

一路离情

作家心语：有什么样的感情可以一世相守？有什么样的人可以走后越发让人怀恋？有什么样的世界可以容许人们静静品尝爱的芬芳和静看时光流转？有什么样的付出可以说得上永远？

我抚摸着一步步走过的驿道，一路上都是离情。

——杨绛《我们仨》

得知钱钟书先生逝世，是在电视上。我呦了一声，再说不出什么来了。

钱先生逝世之后，我也并未曾想到杨绛先生会是什么样的感受。从意识里，我是把钱先生当作一个公众人物来看的，可以引起自己泛泛的感伤和新一轮的崇敬。我忘记了，除了学者的身份，他更是一个人夫、人父，是一个普通的人。他走后，会让亲人痛断肝肠地伤心和如痴如醉地怀念。如若不是这样，以杨先生的高龄，不会忍着思念的伤痛提起笔来把已成前生的丈夫和自己的足迹再重新走过一遍。

至于钱瑗，也就是钱先生和杨绛女士的女儿圆圆，还是在杨绛先生写的《围城》后记里读到才有的印象，但是也并不鲜明。只是晓得钱先生老爱和这个唯一的宝贝姑娘闹着玩，比孩子玩得还凶，害得圆圆经常无奈地冲着姆妈告状。这个阿圆，承继了父母的优点，学东西有一股子痴气，所以学有所成，重任在肩，累年不得休养，结果到最后一旦躺在病床上，就不得起来，先父母一步，回了"自己的家"。害得孤弱的杨先生，一头照顾病重的钱先生，一头变了梦屡次探望病中的女儿。心上给捅了一下又一下，绽出一个又一个血泡，流出一注又一注滚烫的眼泪。最初白发人送走了黑发人，当娘的心痛得胸口都要裂开了，还得忍着满腔满腹的痛送别倚在病床上两三年，让杨柳青了又黄，黄了又青若干次的丈夫。大限到来，先生对厮守一生的妻子说："绛，好好里（好好过）。"读到这里，我的泪下来了。

一个在人生驿道行走了大半辈子的老人，送别自己的女儿，送别自己的丈夫。厮守几十年的家三分之二都已失散，剩下自己，成了一个孤单的锐角三角形，不再完整，陪伴自己走完剩下的路程的，只有满满一路的离情。而三里河的家，此刻已经不复是家，只是客栈了。老境如此凄凉。

一向以为学者的心思都是缜密而冷静的，看感情也看得比常人透脱，视人生死无异于如蝉如蜕，可是透过平淡质朴的文字，却透视出一条丰沛的感情的河流，从旧年的岁月里流来，载着飞花落叶，时而拧着旋，打起一小股一小股的浪花，驶向生命的终结。

我才发现世界上还有这样纯真和投入的一家在。一家三学者，哀乐不忘情。

俞伯牙要走到荒寒之地靠老天安排才觅到一个真正的知音，而且还英年早逝，害得自己灰心摔琴，大叹自此之后，天下更无知音。羡慕钱先生一家，一门三学者，彼此为知音。难得老夫妻二人，一辈子心性淡泊，妻子不逼丈夫抓钱抓权要房子要待遇，丈夫不嫌妻子不去洞明世事走内线给自己铺平升迁道路。难得二人书痴，坐在书的围城里过自家的光景。你说我懂，我说你懂，这是什么样的境界！自小心高意气深，遍觅知音，侬是知音。羡慕。

自己的女儿，不仅聪明，还继承父亲的书痴之气，求学问不止，当教授不疲，和父亲也说得，和母亲也说得。动时三口玩作一团，静时各自伏案笔耕，这是什么境界？羡慕。

不痴不笑是木头学者，过家庭生活了无趣味。难得一家人童真不减，赤子之心不失，携手同行若许年。他们的生活质量和自身的生命重量，比起官高位显、名车美人的生活，不晓得要值得多少倍。羡慕。

杨先生起笔是一家人在玩闹，七十多的老人和小六十的女儿在玩儿。钱先生恶人先告状，大喊："娘，娘，阿圆欺我！"阿圆也乱着喊："MUMMY娘！爸爸做坏事！当场拿获！"原来钱钟书把所有的东西，大辞典、小板凳、皮鞋、笔筒、笤帚把、大书包，摆列成阵，垒在女儿的床头枕上，摆成一只长尾狗的模样，并且把长把"鞋拔"拖在后面权当狗尾。被女儿拿获的爸爸，把自己缩得不能再小，蹲在夹道里，紧闭着眼睛说："我不在这里！"——笑得站不直了，肚子里的笑浪还在一翻一滚。女儿也笑，一边问："有这种ALIBI吗？。"（注：ALIBI，不在犯罪现场的证据。）一家三口笑成一团。想来这样的欢乐常常发生，一家三口时常这样大笑。安静的时候对坐看书，到老来仍旧痴气盎然的钱钟书时常会玩上一通，不是老来疯，只是天性使然。纯良的人格外容易活在复杂的世情之外，不经意地制造好多快乐送给这个严肃杂乱的世界。

只是快乐总是太短，愁怨总是嫌长。

古人说妇人之美，非诔不显，所以有祭妻诗、祭母文。现在事情在杨绛先生身上颠倒了过来，成了妻祭夫、母祭女，一个人面对了两重悲伤，昔日一家三口的满满的欢乐更显得而今的房间空空荡荡。

杨先生这本《我们仨》是我从打折书店里淘回来的，花了不到一碗牛肉面的价钱。寂寞学者的文字也是寂寞，少有人欣赏。笔调平平，质朴无华，像一块白白的棉布，晒在阳光下，散发着棉花的气味。如果细细读来，就会觉得在这样朴素而深沉的感情面前，任何奢侈与华美的文辞都是一种浪费。

一篇小文写自己的外公和外婆吵吵闹闹一辈子，外婆病逝后，外公被接到城里和儿女们去住。路过坟园的时候，他自以为没有别人看见，悄悄冲着里面埋着的老伴挥了挥手。这一个细节，让人有点无法承受。

有什么样的感情可以一世相守？有什么样的人可以走后越发让人怀恋？有什么样的世界可以容许人们静静品尝爱的芬芳和静看时光流转？有什么样的付出可以说得上永远？

当所有这些问题一旦提出就蒙上一层灰败的色彩，让人无法期待的时候，其实有好多这样的典范悄悄存在和被人忽略。

点 评

这篇书评在援引原著内容上，给中学生提供了一个学习的范例。作者用了三个排比段，三次"羡慕"，反复铺陈了"一家三学者，哀乐不忘情"：夫妻二人互为知音；女儿与父母动静相谐；一家三口童真不减。在铺陈之后，作者又详细勾画了钱先生在女儿枕头上摆一只长尾狗，一家三口笑作一团的细节，详略得当，抓住原著的精髓，渲染出"我们仨"的快乐，更加衬托出杨绛先生的悲伤。

《中国文化的深层结构》的延伸阅读

作家心语：中华民族固然是伟大的民族，但这并不妨碍我们借助外族人的眼光，拔除自我躯体的芒刺，完善对人性和固有观念的重塑，发扬理应发扬的，使我们更加轻松理性地走向未来。

《中国文化的深层结构》是美国孟菲斯大学历史系的华人教授孙隆基先生的一部哲学著作。固然本书中提到的"文革"及其余绪已经逐渐在人们的脑海中远去，但是孙先生所剖析的文化密码对中国人的设计，仍旧很新鲜、很真切。

他在这本书的一个章节《中国文化对"人"的设计》里，这样论述：

"中国人的'仁'指的是这样的一种关系：人与人之间的心意感通，亦即是'以心换心'，并且，在这种双方心意感通的过程中，理想的行径必须是处处以对方为重。中国人的'礼让'其实正是这种关系的外在表现。这种对'人'的设计，一般地使中国人富于'人情味'，亦即是：在面对相识的人时，不轻易拒绝别人的要求，急人之难，忘我地为别人办事，以及自己多吃一点亏也无所谓的作风。此外，一旦当人际关系建立起来后，就有趋于持久稳定的倾向，例如，不忘故旧，维持终身的朋友关系与婚姻关系，等等。"

事实的确如此。而且，中国人的利他的深层目的仍是利己，为的是建立自己的人情档案，从而使自己在急难之时也有人搭救，就像居士供养佛子以为功德，和尚念佛吃斋以为功德。孟尝君食客三千，以备不时之需。表面上是弘扬佛法和利他利佛，实际上是拯救自己。

就连父母也是养儿为防老，积谷为防饥，遑论其他的社会关系。所谓的不求回报的奉献几乎是不存在的——中国人是无私得多么老谋深算的人啊。当然，所谓的回报可以是有形的物质回馈，也可以是无形的精神慰藉，哪怕只是预备一个永远用不着的自救途径呢，心里也会觉得十分安慰。万一哪一天用得着呢？

实际上，也就是这本书里阐述的道理：中国人"一人"之"身"被结构的方式是必须恒常受到"二人"之"心"的照顾，而自己这一方也总是养成"多吃一点亏"的习惯，以便在对方面前"吃得开"。换而言之，吃亏变成了使自己得益的方法。

孙隆基还有一句话深得我心："一个孤零零的'个人'总是给人还未'完成'的感觉。"

我对它的理解，就是中国人是最不具备个性的民族。一个人只有结了婚，为了父母，才算完成一件造物的作品。而且作为一件完整的"作品"，"父亲"和"母亲"是最不具备个性的两个角色。

中国家庭中的父亲、母亲，就是一种共性最大的群体，一旦跨入这个行列，极容易心甘情愿地泯灭自己，而一个有个性的父母在忙自己的事情时也往往会对子女产生未能尽责的羞愧。所以多少父母都是美德彰显而个人面目无限模糊，只成了"爱"、"宽容"和"饶恕"的代名词。张爱玲是对人性认识最清醒的一个女作家，她在《倾城之恋》里写到白流苏受了哥嫂气之后扑倒床上，用脚踢着床帏，一边低低地叫"妈呀"，这个"妈"并不是具体指谁，而是被抽象成一种永恒的心理寄托与安慰，这是所有母亲的唯一职能，而这个职能背后，活生生的个体是没有存在的理由的。这也就是孙先生想要表达的意思："社会角色的完成是以自我泯灭为代价的，形成的是一个又一个共性突出而个人面目模糊的群体。"这和当年的样板戏实际上没有什么太大的区别，是大队长就一定是包着白羊肚手巾，敞着怀，插着腰，拿着旱烟袋；年轻社员就一定是红背心外套白褂子，红脸膛，一口白牙；是矿工就戴着矿工帽，矿灯亮闪闪的，照着光明前程；女队员们就两手拄着锨，用心地听着大喇叭里广播丰收的好消息，鬓边戴着一朵野花。

这本书里还有许多精辟论调，不再一一列举。这本书实际上是孙隆基先生在试图破译中国文化的密码对人的思想、行为的设计，这种设计有些是有积极意义的，有些是消极甚至对人性扼杀和扭曲的。这本书对中国人而言是一面很光亮的镜子，可以清清楚楚照见我们的瑕疵。

也许这本书的确"只是一个远距离观察自己民族的人对整体民族文化的观照"，并不能起到"救国"的目的，如他所言，只是一份"个人的陈词"。但是，所谓人贵有自知之明，一个民族，也应该借助一个清醒的人的言论对自身有一个比较明晰的了解，唯其如此，才能自立。

★ 点　评

　　读书是一个把厚书读薄的过程。一部哲学著作中观点林林总总，作者只是抓住了其中最得自己心的两点：吃亏变成了使自己得益的方法；社会角色的完成是以自我泯灭为代价的，形成的是一个又一个共性突出而个人面目模糊的群体。这两点足以令读者对这本书留下深刻的印象，调动起想去读这本书的欲望。

一个父亲的触背悬崖

作家心语： 不想选择又无法选择的选择，最终也不能逃避残酷的选择。

我喊道：不，我不是诗人，我不想要美丽而悲惨的命运，我只想做一个平凡而幸福的父亲！

——周国平《妞妞——一个父亲的札记》

一个父亲抱着患了绝症的幼女，前走无路，后退无门，面对一个命运布局好了的无法选择的疑阵，悲恸欲绝。所学哲学无法救女儿的命，也无法让自己深爱的幼子不痛。曾经有人问周国平，他写这本《札记》有什么哲学上的意义，他说，这本书写来是给不问意义的人看的。

这不是戏，不是满天凉月下面独自行走的旅人，满面风尘，带着诗意的落寞与凄凉，这是活生生的人心被撕成一条又一缕，鲜血迸溅，痛到发狂，却无处发力。压顶的命运就是一团没有质感的空气，任何人的任何较量都是徒劳无功，白费力气。

世上所有选择，都遵循一个规律，舍此必得取彼。大多数人幸运的原因不是因为没有面临选择，而是选择的两方在心的天平上一头轻一头重，好弃好取。这种选择相对轻松。真正大不易的选择是无法做出选择的选择。这个时候，人的心无论选择哪一种，都会被硬生生撕成两半。

还是这个痛苦的哲学家分析得透彻："选择的困境包含两个要素：第一，选择不可逃避；第二，可供选择的方案均不能接受。也就是说，这是一种既不能逃避又无法进行的选择。欲作选择，进退维谷，欲不作选择，又骑虎难下。由于诸方案在同等程度上不可接受，使选择失去了实际意义。然而，不作选择则意味着诸方案之一仍将自动实现。在这样一种困境中，命运的概念便油然而生……"

是的，命运。人在无奈和苦痛的情况下聊以自慰的就是这两个字。命不由人，穷富悲喜都不关己事，从心理上，可以让自己稍为轻松一些，对不如意的境况有一个推卸责任的借口。

无论是积极和命运抗争，还是消极等待命运的裁决，只要处在这种两难境地，都会通向同一种结局——痛悔。

他们这一群精神上的贵族，不约而同地意识到了一个问题，即命运的荒谬和粗暴。

想来古往今来所有敏感的人都意识到了这个问题了，所以佛家才会提出著名的触背玄关。

沩仰宗祖师沩山灵祐禅师说："老僧百年后，向山下作一头水牯牛，左胁下书五字曰'沩山僧某甲'。当恁么时，唤作沩山僧，又是水牯牛；唤作水牯牛，又是沩山僧。毕竟唤作甚么即得？"

假如说此例只是禅师为了打破学人心中的迷惑而特意设置的语言障碍，那么，下面一则就是对人们生存境遇的真实写照：

"如人行次，忽遇前面万丈深坑，背后野火来逼，两畔是荆棘丛林，若也向前，则堕在坑堑。若也退后，则野火烧身。若也转侧，则被荆棘林碍。当与么时，作么生免得？若也免得，合有出身之路。若免不得，堕身死汉。"

这样的苦境，叫常人如何可免？就是叫不平常的人，又如何可免？身为一个父亲，给妞妞治病，妞妞不免一死，不给妞妞治病，妞妞仍旧不免一死。最终的结局就摆在那里，妞妞就是要在身受万般痛苦之后悲惨死去。妞妞最终死去，剩下这个当父亲的，长长久久地沉浸在痛苦和追悔里，无法自拔。

这种境况像什么？

斜阳里　山芙蓉迟迟开放
前来的却是傲然的时光
生命中所有的犹疑与蹉跎
仿佛都在此刻现身责问
剑气森冷　暮色逼人
……
在沉沉下降的浓云里
朝我们迎来的是复仇之神

痛和悔就是复仇之神，向着每个不得不做出选择又无法做出选择的平常人来复那千古的仇怨。

我们有没有过两难的景况？有没有无法选择的命题？有没有哪条路都走不通又无法停止不前的焦灼和思虑？

如果没有，为什么席慕蓉会写那样的诗句？

如果有，为什么我们现在仍旧活着而且活得在别人眼里还算不错，起码正常？

这也是一个两难的触背玄关。

★ 点 评

　　作者没有复述作品的内容，一入手便掏出作品的内核来给大家看：触背关，治病，也是要死；不治终归是死。无处可逃，无可选择。接下来，作者又用两则禅宗公案更深入地剖解两难境地之悲之苦，令读者身临其境，体会到身陷绝境之绝望，最后更引用席慕蓉的诗句将痛悔推到体验的极致。

临到收场总伤神

作家心语：花盛有衰，人聚有散，英雄一世也终须收场。
但庞大的数目和零相乘并不等于零。生命有限，精神永恒。

林黛玉天性喜散不喜聚，自然有她的道理在。她说："人有聚就有散，聚时欢喜，到散时岂不清冷？既清冷则生伤感，所以不如倒是不聚的好。"这无意中揭示了一个道理：有聚，必然有散为之对，相聚无一例外地走向了离散的结局。这是一个天性悲观者的预言。不幸的是，真是一言中的。

而且，这种规律在英雄们的身上也恰好适用。

四大名著，三部写的都是英雄，包括孙悟空这只倒海翻江的猴子。

《三国演义》里是以刘备这个卖草鞋出身的皇叔为首的英雄阵营。最初桃园三结义，已经是风含情水含笑男儿壮志冲天而起。所以，我一直喜欢刘欢唱的《这一拜》："这一拜，春风得意遇知音……这一拜……患难相随誓不分开，这一拜生死不改……长矛在手，刀剑生辉，看我弟兄，迎着烽烟大步来。"感觉烽烟滚滚中大踏步走来三位英雄，又向着历史和命运深处相携走去，豪气飒飒，直冲得人快立脚不稳。

此后的艰难中立足、生存、发展、壮大，直到建立一个国家，弟兄们无一不是出生入死，浴血奋战，肝胆相照，心心相印。美髯公关云长温酒斩华雄，千里走单骑；猛张飞一怒鞭督邮，喝断当阳桥，力保大哥打下一片江山，同时，也把自己的美名传了千代万代。到了现在，关公已经突破了人的界限，跨入义神的行列，成为唯一敢和文圣人孔子并列的一位武圣人。

还有一位羽扇纶巾的先生，是不握兵器的大英雄。刘邦赞张良：运筹帷幄之中，决胜千里之外。其实最当得起的，应当是诸葛孔明。锦囊计使皇叔转危为安，谈笑中让樯橹灰飞烟灭，六出祁山，七擒孟获，一笔笔都是英雄账。平生只有一次用人之差，导致失了街亭，性命堪忧，还被他的空城计力挽颓势。京戏《失空斩》里那一段唱，最能体现这位先生的机智和大才："……你连得我三城多侥幸，贪而无厌又夺我西城。诸葛亮在敌楼把驾等，等候了司马到此谈哪谈谈谈心。西城的街道打扫净，预备着司马好屯兵。诸葛亮无有别的敬，早预备下羊羔美酒犒赏你的三军……"哪个人听了这番话不得琢磨琢磨？用兵精细、奸诈多疑的司马懿更是不敢贸然前进。摸透人的心理，才能立于不败之地。这位先生，和曹操对决，摸透了曹操的心事，所以才能火烧连营，逼得曹操损兵折将，败走华容道；与周郎对决，他又摸透了周公瑾的心事，所以才能在功成之后全身而退，并且气死都督；现在，他又摸透了司马懿的心事，所以才能在一座空城面前大摆迷魂阵，骇得司马退兵而走，而自己全身而退。

当历数这些文臣武将的时候，分明是摆着一张又一张英雄谱。

《水浒传》是以宋江为首的一群"草寇"构成的英雄阵营。据说他们全是天上星宿下凡，以应劫难。里面豪杰良多，来路不一，最后无一例外地落草为寇。这一百零八条好汉被迫攒成一只其大无比的拳头，一下比一下猛烈地给予这个腐朽的朝廷和奸佞之臣以痛击。

这些英雄各有自己的英雄事。武二爷打死大虫，杀嫂祭兄；鲁智深打死镇关西，大闹野猪林；李逵手执板斧，脱得赤条条做一个一路砍杀过去的凶神；

而那个及时雨起的是孔明的作用，是整个英雄团的大脑。宋江是轴心，所有的英雄从各处而来纷纷聚在他周围，甘愿为哥哥舍身失命。一路上南征北战，东挡西杀。三打祝家庄，大败高太尉，哪一场不是英雄们拿命拼来的胜利？在历史的烟尘和满地的狼藉里，有这样一群吃了熊心豹子胆的英雄挡在前面，凛凛风生，才让人不十分地对历史失望。

这样的风光荣耀，这样的豪气冲天，这样的肝胆相照，这样的万众一心，就像花逢盛时，万瓣齐开，迎着天光，绽放万道虹霓，映得幽深的天空也无比灿烂。

只是，花盛总有衰时，人聚难免离散。每一部英雄史的结局，都是无可避免的风流云散和萧索凄凉。说不清是怎样的过程，可能是年华老去，攒心梅花一样的英雄们片片凋零；可能是前路多歧，万众一心的英雄们迷了方向。总之是哪一个也没能笑到最后。

关云长，经历了这样多的风风雨雨，最终却是败走麦城，被人割下头颅，盛在匣子里，放在曹操面前；张翼德，熟睡中被部将暗杀，永远闭上了闪着勇猛、暴烈的精光的铜铃大眼；刘备，手足身亡，气结于胸，一时糊涂，轻率地率军伐敌，结果吃了一场大大的败仗。他的最终结局是在白帝城含泪托孤之后，大志未酬，含恨而去。

还有那个神仙一样的诸葛亮。他自从出山，殚精竭虑，把一个蜀国从无到有地张罗起来，又目送一个个的弟兄走进死亡，只留下自己苦苦支撑一个扶之不起的阿斗和风雨飘摇的江山。他强拖病体，率军出征，一篇《出师表》，引下多少后人泪。结局一样的悲哀，人命逆不过天命，七星灯灭，他也凄凉惨淡地死去了，留下的身后无限事，无人可继承。

其实曹操也是一个真正意义上的英雄。他才智足够，心狠果断，威风八面，叱咤风云，就是被烧得士卒七零八散，自己也黑眉乌嘴，走投无路，也是仰天一笑再笑，不曾灰过心，丧过气。到最后大限来临，他在铜雀台上嘱咐侍奉自己的人，从今以后，针黹为业，善自过活。这个奸诈的铁汉，也显出了一腔柔情。他横着大槊唱"譬如朝露，去日苦多"的时候，正当盛时，而悲凉的语气里，分明已经预感到了日后曲阑人散的结局。

《水浒传》更是一曲英雄的祭歌。再怎样的红火热闹，大碗喝酒，大块吃肉，豪气干云，最后也落得个风流总被雨打风吹去。宋江含恨鸩死自己还不算，还鸩死了忠心耿耿的铁牛儿。李逵得知大哥给自己酒里下了毒，长叹一声："罢罢罢，生时伏侍哥哥，死了也只是哥哥部下一个小鬼。"他言讫泪下，回到署衙，瞑目而逝；武松这条出海狂龙，最后残了一臂，淡出了风波恶的江湖，做了一个清净僧人，从今以后，往日多少英雄事，只堪付与月明中；鲁智深大限到来，留颂声称："今日方知我是我。"那么，他的英雄一世，只合是前生之事了。按理说，他能够合十坐化，还算得一个好结局，可是，月朗风清里倒映着昔日的烟尘滚滚，两相对照，不晓得人活着到底是为了什么，付出又得到些什么，让人思量来总有些疲惫和伤神。

就是《西游记》里那个特立独行的孙悟空，也是一个猴英雄。虽说他们一行四人，不对，还有一匹白龙马，是大团圆结局，但是，一想到悟空披上袈裟，双手合十，高坐莲台，闭目宣佛，总有一些遗憾和悲哀。当年那个如疯如狂，斗玉帝，斗如来，踢翻八卦炉的英雄何在？泯了锋芒的英雄，就像拔光刺的刺猬，有些光秃秃的可怜和滑稽。

这样的例子越举越多，越举越多的例子无一例外地通向一个结局。就好像《红楼梦》里吟的，好一似食尽鸟投林，落了片白茫茫大地真干净。

莫非这天底下的英雄，他们的存在就是为了证明一切最终成空，再大的数目最后都需要和零相乘而最终归零？

世间多少英雄事，临到收场总伤神。

★★★
点　评

　　这篇文章最后对猴英雄孙悟空的论述，令人眼前一亮。作者在常人所论"功德圆满"的结局上翻出新意：曾经锋芒毕露的英雄如今泯了锋芒，岂非亦是末路，终成空。由此不由得让人感叹：写作不是文字游戏，而是生命的抒写、智慧的结晶。文字只是一个载体，我们透过文字，参详到作者的人生、作者的智慧。对于中学生来说，这是值得借鉴的，唯有丰富自己的知识，体察自己的生命，才可以生出智慧来，智慧之花借由文字绽放开来，才会有优秀文章问世。

哪有永远的红楼梦

作家心语：性格决定命运。故，欲改变命运者，须先改变性格。

读《红楼梦》，越读越想到另一种可能性。假如大树不倒，猢狲不散，贾府还有未来，这座红楼里形形色色的人物，会各自有一段什么样的命运？

贾宝玉是幸运的，贾母的溺爱使他得以形成极端自我的个性；他又是不幸的，因为他的独立性与家族对他所期望的社会性构成极其强烈的冲突。红楼一倒，其实是天助了他，让他能守住一块顽石的本性；假如红楼不倒，贾母死后，保护伞没有了，他被置于家族期望的强大气场之下，未来怎么样，谁也说不准。

或许，他会像贾政一样，走上"正途"，做官，上朝，朝罢归来两袖烟，跟门客相公下棋、清谈。将来儿子若不争气，也是要痛下鞭笞的。这种情况，想必是娶了宝钗做夫人。宝钗是有名的冷香，夫妻情分上虽差些，但可保他做人无虞，甚至把他慢慢修剪成贾府新一代当家人的模样。但是，林妹妹或是死掉了，或是远嫁他方，旧仆们离的离，散的散，夜半梦醒，会不会寂寞？回想前尘，有没有忧伤？寂寞忧伤狠了，这个叛逆的人还肯不肯乖乖挑起家族的大梁？

当然，对他来说，最幸福的莫过于娶林妹妹为妻。两个人一时好了，一时恼了，一个哭，一个哄，都是好的。宝玉的天性也得到最大保存，虽然胡子都有了，身板发育苗壮，仍旧看见丫头画蔷，他也心疼，看见丫头烧纸，他也袒护，新生代的晴雯若是发脾气，他仍是要气得哭——只是半老之人仍做小儿女之态，莫说周围的亲友、底下的奴才们看着不像，这个铁板一块的现实世界也断不容他这样发飙。

所以，若是贾府不倒，他的后半生就处在两难之间：家族满意，他不满意；他满意，家族又断不肯容忍。既然无法做到形神相亲，到最后只能如同顺治皇帝一样，把百年基业、万代江山统统丢弃，来个大撒把，离了红尘。所以，出家仍旧是宝玉最终的归宿，也即是所谓"典型人物的典型命运"。

薛宝钗的命运就是铁定的当家少奶奶。这个人和宝玉的最大不同就在于，宝玉非常强烈地要保持自己的个性，她是非常自觉地要泯灭掉自己的个性，所谓和光同尘，藏愚守拙，一种非常世俗却非常有用的处世哲学。所以若是贾家不倒，她的命运就是从贾家的二少奶奶当起，一气当到贾母似的老封君，安富尊荣，一呼百应。只是，一切都风光了，唯有个人感情是块心病。所谓夫贵妻荣，她最大的心愿就是宝玉在外荣耀，偏偏宝玉又是这么个心性，多说讨他的厌，不说又不行，怎么能做到夫妻同心？且她要怎样努力，才能把林妹妹这个人的影响从宝玉的脑海里挖出去？除非黛玉从来不曾存在过，曹雪芹重新写出一部《红楼梦》。只是，就算从来不曾存在过，两个人也根本就是两条道上的人，像不同轨道上运行的两颗星星。

那么，退一万步想，她没嫁成宝玉，会怎样？以她家的残余威势和她个人素质的优胜，随便找个公子王孙嫁了，也是个合格的儿媳，一步步做上去，不用几年，也能做到整个家族的精神首领。只是世上男子，如宝玉般怜香惜玉者少，如珍、琏无耻之尤者多，哪一个不是三妻四妾的？谁敢担保她就不守空闺寂寞？所以说，无论向左走，还是向右走，她的不幸命运从她做出那首"焦首朝朝还暮暮，煎心日日复年年"的字谜诗，就已经注定——实际上，她的命运，也是旧时代好女儿的普遍命运。

　　林黛玉这个极端个性化的人物的命运无须多讨论，贾府不倒，她不早死，也只有两条路可选：第一条，入主贾家，当宝二奶奶。王熙凤这样泼辣能干，尚且小心谨慎，唯恐落了口声，她又怎样才能做到上下宾服？若是管家不当，王夫人只好还让王熙凤代理。按黛玉这样要强的个性，怎么能受这口软气？一旦着恼病倒，小命就不保；且就算她不恨不妒，按凤姐这样贪酷的脾气秉性，再加上贾琏的贪污盗窃，要是不把贾家这份家业给掏空吃净，也不算琏二爷、凤奶奶。若果如此，黛玉其身何存？所以，这条路恐怕行不通。

　　不过，宝玉又说："女孩儿未出嫁，是颗无价之宝珠；出了嫁，不知怎么就变出许多的不好的毛病来，虽是颗珠子，却没有光彩宝色，是颗死珠了；再老了，更变的不是珠子，竟是鱼眼睛了。"若是黛玉也起了变化呢？变得圆滑，变得泼辣，变得坚强，变得能干，变得恩威并用或者竖起眼睛骂人，变得独当一面，成了薛宝钗或者王熙凤，天啊！莫说贾宝玉接受不了，就连我们凭空想象，也觉得活糟蹋了一个冰清玉洁的好姑娘。若是这样，还不如早点死去，美成绝响。

　　第二条，被聘出去，当别人家的少奶奶。这条路早就被她的贴身大丫环紫鹃给否掉了：天底下公子王孙虽多，宝玉却仅此一个。她到哪里再找这样情投意合的人？若是像贾琏，像贾珍，像薛蟠，岂不是跳进了火坑？且她又怎样才能把贾宝玉从自己的心里挖出去呢？只能落得"一个枉自嗟呀，一个空劳牵挂"。内忧外患，倍加熬煎，这样一个柔弱的美人灯，能在暗沉沉风波恶的岁月里点上多长时间？所以这个人的寿夭早已注定：她既没有未来，也享受不了婚姻。

　　若是贾家不倒，日子照过，贾琏还是一个花心大少，凤姐还在贾母跟前承欢，虽然王夫人也很喜欢她，但是，她的人气也就只有这两座靠山。贾母是"老健春寒秋后热"，王夫人是有了亲儿媳妇，她这个侄儿媳妇就铁定要靠边站。所以，一旦宝玉娶亲，她就要卸任，回到邢夫人那边。

　　她虽是邢夫人的正经儿媳，却又颇遭正经婆婆的嫌厌。而且虽说她浑身是才干，邢夫人又偏是个一人不靠，一言不听，自己当家的女人，怎么可能放掉大权？所以她只能赋闲，没事的时候让邢夫人挤对着玩。到这时难道贾琏还怕她？——贾琏怕的本不是她，而是老太太和王夫人。老太太没了，王夫人管不着了，邢夫人又不喜欢，贾琏自然就长了威风，花天酒地，妻妾成群。凤姐这样一个心性要强的人，怎么可能这样被人挤对而不生病？且这人也是多病多痛的，又兼年幼不知保养，早就落下病根，所以她的命也活不长。就算能熬得婆婆老了，把家过给她，她风云再起，重振威风，而且长寿到七八十岁，但是，一个动不动叉着腰、立着眼睛骂人的老太太多么让人恐怖啊！所以，她的命运最好是结束在青春正盛。

　　那么，再给她设想一种可能好不好？她继续留在这边帮宝玉和宝钗当家。宝玉是无所谓，宝钗这么精细的人，她贪污、受贿、放债的种种，怎么可能不让宝钗知道？宝钗知道了会怎样？虽不好意思明说什么，也未必就肯让她把这个好好的家给葬送掉。两只胭脂虎相争，比男人相斗还厉害十分。且宝钗又知书识字，又心机深沉，又有恩有威，有收有放，比凤姐更厉害一层，谁负谁胜，还真说不清。表面繁华掩不住内里波翻浪涌，贾府的安宁也就只剩下表皮这薄薄的一层。到最后凤姐恶行露底，身败名裂，等待她的，依旧是死路一条。

　　贾府三艳里面，迎春之庶出的出身、柔顺的性格，都让她没办法在豪门纷争中保护自己。就算贾家不倒，她也逃不了被轻贱、被蹂躏的命运。

　　探春的命运就是出嫁。这样人家出去的小姐，自然是要找一个门当户对的，当豪门少奶奶。但是，所谓门当户对，也就是非富即贵。若是她有运气像贾母似的，一生都处在家族的鼎盛时期，那有什么说的，她就是王熙凤的升级版和贾母的新生代。若是家族正在走下坡路，如贾府后期似的，她就惨了。既要同王熙凤一样，劳心，吃力，也举不起这千斤鼎，又比王熙凤清醒地意识到大厦将倾，因而痛苦就是别人的十倍百倍。你看她在抄检大观园时的秉烛以待，何等的有气势，打王善保家的，何等的有威风，可是，她的话，又是何等的忧心忡忡："你们别忙，自然连你们抄的日子有呢！你们今日早起不曾议论甄家，自己家里好好的抄家，果然今日真抄了。咱们也渐渐的来了。可知这样大族人家，若从外头杀来，一时是杀不死的，这是古人曾说的'百足之虫，死而不僵'，必须先从家里自杀自灭起来，才能一败涂地！"说着，不觉流下泪来。这两行泪流的，多么痛断肝肠。

而且，她要嫁的绝不会是暴发户，那太折了贾家的面子；真正的豪门贵族又都已经历经三世五世，怎么可能还有充沛的元气？所以她的能干、比天高的心和绝望的结局都是命里注定。虽然这个人很顽强，但现实的残酷大过她的承受能力，发疯几乎是必然的结局。她的"才自精明志自高，生于末世运偏消"的命运，无论贾家亡与不亡，都已经注定。这也是典型人物生在典型时代的典型命运。

惜春呢？说实话，她是幸运的。贾府的倒台成全了她的孤介气质。烟云浮华，尘世纷争，她在青灯古佛旁获得心灵的宁静。若是贾府不倒，我有理由怀疑，她有没有这个胆量——整个家族的气场如此强大，一个小小的弱女子，得需要多大的精神能量，才能做到"走自己的路，让别人说去吧"？被迫出嫁几乎是百分百的事情。

只是她出嫁后，大约也是个不理家事，念佛吃斋，因了丈夫的三妻四妾而更加心灰意冷，在家族繁华的背景下，独独囚在暗室的一颗孤独灵魂。所以，她的命运无论向左走，还是向右去，也是注定的，就是天底下一个小小的人影子，如粒，如尘，极度的不自由下采取非常手段，获得自己一方可怜却相对自由的小天地，耳畔木鱼声声。

我发现贾门中新一代主子分为两大阵营，一方是极端个性化的，一方是极端家族化的。这样算起来，熙凤、宝钗、探春，都是被家族化了的人，也就具有家族化的悲剧命运；宝玉、黛玉、惜春都是个性化的人，都有个性化的悲剧命运。如克尔凯郭尔所说，一种人是"活着却没有意识到自己注定了是作为精神而存在，因此一切所谓的安全，对生活的满足等都只是绝望"；一种人是"活着却意识到自己注定了是作为精神而存在，因此一切所谓的安全、对生活的满足等都只是绝望"。不论哪一种前景和命运，都掩盖不住本质最深处的绝望。

红楼之后诞生了无数的后红楼，一厢情愿地安排它的繁华一如既往，却不知道红楼一梦的结局，就是注定要树倒猢狲散的绝望。曹雪芹这个人站在高山，心怀悲悯，描画下漫长的家族命运中的一个片段，同时也揭示出一场豪门盛宴的最终结局。如同巨石滚下山坡，花儿开了就要落，天边大幕垂下，一场戏注定就这样唱到散场，这就是绝望。武林至尊最爱听的一句话是"千秋万代，一统江湖"，只有老天爷才知道，这是多么巨大和一厢情愿的谎言。

★ 点 评

　　关于《红楼梦》的点评很多，要想写出令人耳目一新的文字很难。可是这篇文章却独辟蹊径，展开想象的翅膀，畅想如果贾府还有未来，个人的命运会怎样？作者用流畅的笔触设想了宝玉、黛玉、宝钗、凤姐等人的结局，终于发现，即使贾府不倒，人物的命运依然不会有太大的改变。最后揭示出一场戏最终总会唱到绝望，作者骨子里那份独有的清醒和冷静，给这篇文章涂抹上了震撼人心的色彩。

怪书奇谭

> **作家心语：**生活是丰富多彩的，人类的性情是丰富多彩的，浩渺无际的天宇世界更是丰富多彩的。假如一切都平板周正，那么我们失去的岂只是曼妙无尽的情趣呢？

写书如做人，一味中庸平正只惹人厌，哪怕一身正气的人，也偶有一股奇俏怪媚之气冒出来，才叫有味。是以女优总比家庭妇女惹人爱，江湖浪子永远拥有最多的情人，花木兰女扮男装才名垂了青史。

是以怪书才会大行其道。这种东西犹如深山里藏灵芝，雪线上生莲，或是阴森树林里的食人花，暴烈、妖性、诡异，非长途奔袭直捣异地不能取也。既取之，心恨之，恨不得把作者拉来暴打一顿：为什么我不能写，你却写得出来？

怪书之一：《香水》

以少女的清香艳丽打底，生命做祭，一个香水师兼名副其实的杀人犯制造出了芳香如同上帝的香水，只要滴一滴在身上，所有围绕在他身边的人都要发狂，亲吻他的脚趾。如果整瓶倾倒在身上，所有人都会发狂，争着一亲天泽，最后失控，把他撕成碎片。

制造香水，然后被制造出来的香水毁灭，这就是这个天才加疯子的格雷诺耶自从出生就被设定好的命运。谁叫他对气味着迷，谁叫他除此之外别的都不爱，不爱人，不爱世界，不爱一切。他的爱像一壶热水，只灌注进冰面上小小的一个点，其他一切都视而不见。太深，太狂，太专注，引来的只有疯狂的毁灭。

怪书之二：《蚂蚁》

蚂蚁，这样微小的小东西，它们的小细腿迈出一万步，估计也只抵得过我一抬腿。它们对人类的宣战怎么看都像一场小孩玩木刀的游戏，但是它们远征的理由却叫人不能忽视——它们痛恨人类，具体说，是痛恨人类长在肢端的五根手指，因为"它们歼灭我们的远征狩猎队，用毒气消灭白蚁王国，用火烧毁我的母亲——上一任女王和整个贝洛岗城！所以，我们要消灭所有的手指"！

怨念深重。

但是，当步兵磨利了它们的大颚，炮兵准备了充足的酸液弹，蚂蚁跋山涉水——过的是小土丘，蹚的是小溪水，不远万里——其实只是一抬腿，离开家园，出发远征，一路披荆斩棘，终于到达目的地，却第一次冲锋被车轮碾碎，第二次冲锋被鞋碾碎，第三次冲锋被城市保洁员的皮管子里喷出的毒水冲洗，全军覆没。

明明很可笑的小东西，却叫人心生敬意。每个物种都有在这个世界上生存的权利，它们的生存不依靠我们的慈悲，却赢得我们最大的尊重和敬意。

怪书之三：《鬼吹灯》

几位"摸金校尉"（盗墓贼）通过风水秘术发掘古墓，大山深处的辽代古墓、昆仑山大冰川的九层妖楼、东北中蒙边境的关东军秘密地下要塞、新疆沙漠中消失的精绝古城、云南的虫谷妖棺、西藏喀喇昆仑古格王朝无头洞、陕西龙岭迷窟……

长卷展开，妖氛浓烈，坟墓、孤灯、长在人后背上的眼睛、会闹鬼的古墓、永远走不到头的楼梯、张着大嘴吞噬一切的太岁、诡异的昆虫、幽深的山洞、长着钢牙的食人鱼……

一边读一边脑后飕飕冒凉气。

人的脑子回路真奇怪，居然能写出这样读着绝对说不上舒服的书，却又让人玩命地想去读。我读书架势一向彪悍，犹如俺们那疙瘩的农民老伯伯，端着大老碗，掐着俩馍馍，吃得吭哧吭哧的，可是写这些书的家伙们更彪悍，整天想的都是些什么！

这样的不现实的、完全不合逻辑的，实际上根本不存在的东西，居然写了出来大受欢迎，只能说明一个问题，不是我们的生活太枯燥，就是我们的大脑太饥渴。看这书不为享受，纯为自虐——没事找抽型的。

读者没事找抽，作者唯恐天下不乱，于是这个白纸黑字的世界才有这么多热闹可看。

怪书不为娱情，是以不像柳丝轻软醉舞春风，倒是面目狰狞，像个容器，包容着人类一切扭曲的、需要发泄的、拼命往外冒的胡思乱想。它的存在叫我再也不敢小瞧蚂蚁和自己的鼻子，至于鬼，则是大大丰富了我黑夜里的梦中生活，从此再也不寂寞。

★ 点 评

这篇文章名为《怪书奇谭》，其自身也堪称一篇怪文。无须细细品味，只要一开篇读进去，便会发觉其迥异于作者或华美或雅致的文风，"这种东西犹如深山里藏灵芝，雪线上生莲，或是阴森树林里的食人花，暴烈、妖性、诡异，非长途奔袭直捣异地不能取也"。一股灵异之气扑面而来。写出这种味道的点评，也算是读了怪书之后的一点感想吧？可见，要想锤炼自己的语言，一定要多读书，品出韵味来，如此才会不由自主地写出那种味道。

桃花朵朵开

作家心语：读书，不仅使我们获取知识，增长才干，丰富内涵，更能提升精神品位，引领我们迈向成熟和高尚。

书是我的桃花朵朵开。

我看书不挑，花开千穗，摸着哪穗是哪穗。总的来说，我喜欢朵大色鲜分量足的，所以倾向于史哲类。《全球通史》讲人类是怎么来的，读完它，我连玉米是怎么来的都知道了；《追忆甜蜜时光》是讲甜甜蜜蜜的中国糕点的，读完它，从理论的角度说，我连千层糕和桂花卷都知道怎么做了；《宫女谈往录》，这哪里是历史啊，分明是一级棒的文学作品！忧郁的宫女、奢华的西太后、可怜可恨的"小李子"……

当然不是说纯文学的书不好，我是曹雪芹的粉丝，《红楼梦》是我心口的朱砂痣。可是纯文学是沙里澄金，一千顷沙能澄出一粒金沙来就算我的幸运。人到中年，精力有限，当然要算个投入产出比。哲学类的书就是拂开瞬息万变的世象，给人捋出几条长存不息的暗线，比如孤独、智慧、荣耀、牺牲……人到中年，没本事自己看透世情，平息浮躁，只好借助于贤人。长江后浪推前浪，其实说到底还是前浪推举着后浪不断前进；史学书更有意思，天天生活在一个点上，说不定我眼下站的这个点，前推五十年是个蛤蟆呱呱叫的大水坑，前推五百年是个大战场，前推五千年，连玉米都没有呢，要是前推五万年，乖乖不得了，不知道是什么东西在横行。一句话，爱读史哲，是因为它们给我开了一个"天眼"，视野变宽，世界变广。

我现在读书的"境界"是走马观花，脑神经在同时摊开的三四本书上来回切换。左手边一本《信仰时代》，右手边一本《万里任禅游》，书桌上是《光荣与梦想》……反正不是在读书，就是在翻开书准备去读书的路上。一个字——乱。怎么乱，书也是我的桃花源，再怎么狂鞭纵马踏花去，归来马蹄也有香。

★ 点 评

　　读罢此文，不禁拍案叫绝：妙！比喻用得妙："书是我的桃花朵朵开"，哪一朵我都爱；"《红楼梦》是我心口的朱砂痣"，爱在我心，你永远是最美；书也是我的桃花源，我愿常住乐不思返。真真切切抒写出对书的挚爱。引用改得妙："一千顷沙能澄出一粒金沙来"改自"千淘万漉虽辛苦，吹尽狂沙始到金"；"狂鞭纵马踏花去，归来马蹄也有香"改自"踏花归去马蹄香"，不着痕迹地嵌入文章，流畅练达，作者的文字功力可见一斑。

晨光好，读书最相宜

作家心语： 什么时间读书都很好，关键是我们能否和书融合在一起。但读书的快乐若与晨光的明媚相衬相携，岂不是连旁观者也觉有趣而至沉醉？

我们小的时候，"上学"不叫"上学"，叫"念书"。摇晃着身子，拉长了声音，摇头晃脑："春天来了——桃花红了——小草钻出了——嫩绿——的新芽——几只大雁往南——飞——河面上的冰——融化了——，微风——吹过，泛起——粼粼——的波纹——"

听起来又不像是念书，倒像是"唱书"了！

早晨，坐在教室里还是瞌睡蒙眬的，老师来了，一个小个子的花白头发的老头儿，拿根剥光了皮的白白的树枝当教鞭，啪啪地敲着残破的黑板，说："念，大声地念，念出来就不困了！"

整个教室里哄的一下，声音爆发，每个人都开始拉长了调门，比赛谁的声音大，《卖火柴的小女孩》《渔夫和金鱼》《春眠不觉晓》……越念越精神，越念越快乐，一边念着，语速渐渐加快，刚开始是老奶奶纺纱，从手中的棉条里"嗡——嗡——"地拉长线，渐渐地就像油锅炒豆，一爆两爆连三爆，整间教室的屋顶都快要被掀飞了！

鲁迅先生的《从百草园到三味书屋》里面，那个大声朗读"铁如意，指挥倜傥，一坐皆惊呢；金叵罗，颠倒淋漓噫，千杯未醉嗬……"且"微笑起来，而且将头仰起，摇着，向后面拗过去，拗过去"的老先生，是深得读书之三昧的。

读书须发声，好比李白杜甫的诗，好比董桥和林语堂的文，好比那些发人深省的格言警句，似乎只有大声读出来，才能汲取字句里蕴含的原始的力量；只用眼睛来读，总感觉是在隔靴搔痒，越搔越痒……

且读书须就好晨光。晨光乍现，灵性沉睡一晚，需用美好的篇章大声把它唤醒。春晨是软的，像一匹鸭蛋青的软绸；夏晨温凉蓝汪汪；秋晨清如碧水；冬晨却是光芒闪烁，如同脆钻。春晨宜读诗，温温软软、色彩烂漫；夏晨宜读词，"和羞走，倚门回首，却把青梅嗅"；秋晨宜读宁静宏远的散文，好比苏轼的"庭下如积水空明，水中藻荇交横，盖竹柏影也"；冬晨读书，当选那刚硬肃杀，别有一股气的，方能衬得一个"冬"字。

晨光好，读书最相宜。

★★★ 点　评

这篇文字扣住了"读书"二字，来渲染"读书"与"晨光"相宜的乐趣。作者只是用语言来描摹读书的场景感染读者：小时候"念书"，如老太太纺纱的嗡嗡声，渐如油锅炒豆，噼啪爆裂。再刻画四季晨光之美好，以及与其匹配之春读诗，夏读词，秋读散文……令读者眼前仿佛闪过一幅色彩斑斓的四季画卷，亲身体会到晨光熹微中读书，那种幽微难言的妙处。

我的"偷书"时光

　　作家心语：只要有书为伴，不论怎样艰窘寒凉，都是黄金时光。

　　小时候，我家屋后小胡同里的一棵老槐树下有块春布石，光溜溜像蛤蟆背。小学三年级，我虚岁十岁，穿着腰里打折的粗布老棉裤，坐在那儿，手直抖，腿颤得立不起来，总觉得身后的老槐树上的节疤成了一只只大眼，瞪着我，说："哎呀，偷书的小贼！"

　　没有温度的夕阳余晖下，我从裤腰里掏出那本小破书（都说了我穿的是腰里打折的老棉裤了，裤腰又宽又长，可以叠起来，藏点什么小东西格外方便），开始小心翼翼地展读。然后，我就看着那上面不停地有"王氏曰""李员外曰""卖娘曰"，及至看多了，才模模糊糊地有点明白，这个"曰"，其实就是"说"的意思吧？（可怜，那时还不知道念"曰"，擅自给人家瘦身一圈。）想通了，这种半文半白的新奇语言也就大致能看懂一点了。结果我发现看懂还不如看不懂呢！

　　原来，那是一本说鬼的《聊斋》，故事里的窦娘（就是上面说的"卖娘"）死了，变成厉鬼，上阳间复仇，那个负了她的男人，娶个老婆，是死的，再娶个老婆，还是死的……我的三千头发丝，根根朝外冒凉气，骨头冻僵在那里，一寸都不能移，眼瞅着日衔山，一点，一点沉下去，那种恐怖的滋味，平生不想再受第二回。直到现在，读过的书没有一千也有八百，却始终没有通读完《聊斋志异》，没办法，吓得太狠，坐下病了。

这本书是从我的叔叔家偷的，还的时候无论如何不敢再往裤腰里掖，生怕女鬼蹦出来把我咬成两截，所以我是把它塞进一只提篮，高高地用一根绳子提着把手，提到他家门外，瞅着没人的时候，一溜烟进去，把提篮里的祸害一股脑倒到炕上，撒丫子就跑，跟后面有千儿八百只鬼追着也似。

这回真把我吓惨了。

越是这样，越是有灵异事件。

我第二天再去叔叔家的时候，那本《聊斋》不见了，桌面随意摆着一本《封神演义》。一回生，二回熟，这回我随便往袄襟里一裹，就把它顺顺当当给领出来了，然后看着姜子牙卖面，看着妲己建酒池肉林，看完后趁着叔叔家没人，我又把它还了回去。结果把书放回原位置的时候吓我一跌：娘呀，为什么桌子上放着一本一模一样的《封神演义》？难不成真的是在闹鬼？这一吓不要紧，我头发根发乍，不回头地跑了出去，有足足一个月没敢去串门子。

等再去的时候，那两本一模一样的《封神演义》撂在躺柜上，我一看，书脊上写着两个不同的字：上、下。那一刻恍然大悟，好像天地初分，我方明白，原来这个世界上，还有一种书，是分成一半一半的。

"偷书"偷得手熟，着实肆无忌惮，印象中还有两件事，是我"偷书"过程中的里程碑，让我识得人性之美。

一次是在我的干娘家里，见了一本《红旗谱》。正是夏天，干娘和干姐她们都在院里坐着纳鞋底，我穿着薄薄的小花褂，居然就敢把那么厚的一本书掖在怀里，然后出来跟她们说："我回去呀，要写作业。"不可思议的是，我那善良的干娘和干姐，居然就对我前胸鼓出那么可疑的四四方方的一大块视而不见，反而热情地把我送了出来，还硬塞了我俩包子。

最后一次，是被"人赃并获"的。我去大姨家串亲戚，发现一本《格列佛游记》，看了一半，该回去了，于是我把它偷偷塞书包里，就想告辞。表哥跟出来，把书包一翻，翻出这本书来，细长的凤眼看看我，笑一笑，又给塞进书包里，说："看吧，看完记得还我，这是借同学的。"

"哦。"我乖乖地点头。

这本书我"偷"过不止一次，我很纳闷儿，怎么这么耐偷？后来才知道，厚道的表哥拿一根漂亮的塑料尺加两把崭新的三角板，还有一个圆规，把这本书的所有权换了回来。他之所以没有把书干脆送我，是怕减少了我去他家找他玩，两个人头并头写作业的乐趣。厚道的人"贼"起来也挺让人无语。

偷书的经历基本上就算到此为止，读书的经历却是无尽无休，还记得小时候读《呼延列传》，是那种评书体的文字，读它跟听单口相声似的，包袱一个接着一个地抖，读得我把拳头塞进嘴里，肠子拧着筋，笑得痛苦异常……只要有书为伴，不论怎样艰窘寒凉，都是黄金时光。

★ 点 评

作者以"偷书"为线索，穿起来小时候几次偷书的故事，各有侧重，前两次侧重诡异吓人，后面两次侧重人性善良。写诡异吓人，用"冒凉气""骨头冻僵""眼瞅着日衔山，一点，一点沉下去"来渲染读《聊斋》的恐怖；写人性之美，用"视而不见""硬塞了俩包子"写干娘的热情。这样结构成文的方法，值得借鉴。

汉娜的羞耻

作家心语：羞耻本是进步的阶梯，但用错了地方，也会成为罪恶的推力。

小说《朗读者》讲述了一个隐晦的关于羞耻的故事。

二战后的柏林满目疮痍。十五岁的男孩米夏尔邂逅了一个差不多大他二十岁的女人。她叫汉娜，高大、肩宽背厚，像马一样漂亮、健壮，是一个电车售票员。

他深深地爱上了她，一边生病一边想办法和她幽会，一边上学一边想办法和她幽会，想尽一切办法和她幽会，甚至想办法说服她同意和他肩并肩骑着自行车走在乡间的田野上。她看上去也很爱他，而且信任他，把一切决定权都交给他。他要负责查看地图，决定他们这几天的游荡路线，要负责在旅馆登记房间，写下自己和她的姓名，吃饭的时候负责看着菜单点餐，为自己点，也要为她点。

早晨他们在一家小旅馆醒来，米夏尔留了一张字条："早上好。取早餐，一会儿就回来。"然后匆匆出门。但是当他端着盛早餐的托盘，手里还拿着一枝玫瑰回来的时候，汉娜却愤怒地发抖，质问他："你怎么能就这样一走了之呢！"然后就拿着系连衣裙的细皮带对着他的脸狠狠抽了过来。他的嘴唇被抽破了，鲜血直流。

和解后，汉娜解释说，她以为他跑掉了，不要她了。

"可是我给你留了一张字条……"

"字条？什么字条？"

这张字条神秘消失了——谁也没想到，它在米夏尔看不见的未来挽了一个神秘的绳结，等他入毂。

有时米夏尔会想：她爱我吗？为什么会对我那么暴戾呢？

虽然他不敢肯定她是否爱他，却可以肯定一点：她爱听他朗读。他为她朗读过许许多多的书，一篇接一篇，一本接一本。当他说："你自己读吧，我把它给你带来。" 她就说："小家伙，你的声音特别好听，我宁愿听你朗读而不愿自己去读。"

她是个好听众，注意力集中，紧张地追着情节笑、嗤之以鼻、愤怒，或者是发出赞赏的惊呼。两个人在朗读中都得到了宁静的幸福。

但是这种幸福突然中断了，因为汉娜突然消失了。

已经读高中的米夏尔在放暑假的前一天和朋友们去了游泳池，当他抬起头来，就看见汉娜站在二三十米远的地方，向他这边张望。米夏尔正犹豫着是否应该跳起来向她跑过去，一错眼的工夫，她已经消失了，杳如黄鹤。

米夏尔失魂落魄。他找到她任职的电车公司，却被告知公司刚打算要培训她做司机，是比售票员高的职位，却被她拒绝了。

"她爱我吗？"这个问题就此没有了答案。不过她喜欢听他朗读是真的，亲昵地叫他"小家伙"也是真的。他的眼睛、耳朵、鼻子、嘴巴、身体和灵魂，都无法遗忘。

当他再见到她，是作为一名法律专业的大学生，坐在旁听审判二战战犯的法庭上。

汉娜和其他几个集中营女看守一起出现在被告席。他看着她紧绷的脊背、僵直着不肯垂下的头颅，表情平静，内心复杂；她似乎看见了他，又似乎没看见，除了当初扫他那一眼，再没有回头，任凭自己丑恶的历史在他面前徐徐揭开。

当初，她竟然拒绝柏林的西门子公司给她提供的做领班的职位，自愿选择去了纳粹的党卫军。

然后，她在做看守的时候，会挑那些体弱的姑娘为她朗读，一天复一天，一夜复一夜。

最后，她和别的女看守押送女犯上路，让女犯们宿在教堂。当天夜里，一发炮弹击中教堂，熊熊大火里传来女犯的嘶声喊叫，这些天杀的看守竟然为怕她们逃跑，不肯把门砸开……

事后，这些党卫军的"忠诚"的女看守写了一份报告来叙述事件经过。那么，谁执的笔呢？

"你！"另外一位被告用手指着汉娜，"一切都是你指使的！"

"不，我没有写。谁写的，这重要吗？"

但是，当一位律师建议请一位鉴定专家对报告的字体和她的字体进行比较鉴定的时候，她承认了："您不需要请鉴定专家，我承认报告是我写的。"

结果就是：其他罪犯都被判有期监禁，只有她要终生在牢狱里度过——罪有应得。

可是，真相却被米夏尔懂得了——有些真相被汉娜死死掩盖了。

汉娜不会读，不会写，所以才让人给她朗读；所以才会在和米夏尔骑车旅行的时候，一切都交托于他；所以才会在旅馆发现米夏尔的字条大发雷霆。

不，还不只这些。

因为这个，她回避了西门子公司提升她做领班的职位，害怕当领班会暴露她不认字的事实，而宁可去替纳粹党卫军卖命；她逃避了电车公司对自己的提拔，害怕当司机会暴露她不会认路牌的事实，而宁可忍受和爱人离别的苦痛，一走了之；她宁可承认那篇报告是自己写的，一切都是自己策划、主使和主持，宁可被判无期徒刑，也不要大家知道自己是"文盲"。

……

羞耻，她觉得羞耻。

她不以杀人为羞耻，不以罪恶为羞耻，不以逃离爱情为羞耻，不以伤天害理为羞耻，却以不识字为羞耻。那是她的真理，她的正义。

原来有时候"羞耻之心"如此可怕，简直就是心上长出的一朵闪烁着绚烂光华，用他人的眼泪、鲜血、尊严、生命浇灌出来的毒花。就像电影《香水》里那个孤独的格雷诺耶，为了掩饰自己生来就没有"人味"的羞耻，将一个又一个美好的少女残忍杀害，只为提炼能够发出上帝气味的香水来。

可恶、可恨、可悲、可怜。她的真理可悲，她的正义可怜，她的显示只为隐藏，她的胜利恰是失败。

孙悟空当初是拿一句话镇住了随他身后进入水帘洞的众猴："人而无信，不知其可。"这群猴遵从人间规律，以言而无信为耻，于是尊他为上，伏地拜他。若非如此，他如今仍是一个披毛的光杆儿司令，自家玩耍。

韩信当初是怕大丈夫将来不能建功立业，于他而言，是以"大丈夫不能建功立业"为耻，宁肯受胯下之辱，也要求将来荣宠加身。若非如此，他早成了一缕湮灭在历史深处的无名孤魂，无人理睬。

明代哲学家王阳明在驿丞任上捕得一贼头，欲感化他，和他讲道德之事，贼头不听，说我这种人不谈道德，你爱怎么着就怎么着。王阳明说："好呀，我也不怎么着。天热，你把衣宽了。"贼头脱了外衣，他又让打赤膊，打了赤膊，他又让脱裤头，贼头不干了："这可使不得！万万使不得！"王阳明说："怎么？原来你知道这是羞耻的啊。你看，你这十恶不赦、油盐不进的家伙照样有羞耻之心，那咱们就来谈谈道德良知吧。"结果谈来谈去，这个贼头什么都招了……这让我想起来一个西方漫画，一个犯人正受绞刑，裤头险险要掉，他居然还有余暇腾出双手，拼老命地抓紧它。

如人所说："羞耻心是一种面临道德恶评时产生的、将曾获得的与该恶评相矛盾的道德好评完全抹煞掉的负面性心理状态。它是社会性的。"由此产生的条条清规戒律，好比以"道德"为心，喷射出的条条银丝，织成密密的蛛网，把人笼罩——人并没有把"文盲"归为道德范畴，汉娜却傻乎乎地把它视为最大的耻辱——一个没有坚实、清醒、完备的道德框架支撑的人，做出的决定就是这样：既蒙昧、更荒唐。

其实，有很多人都像汉娜吧：以囊中羞涩为耻，不以偷盗诈抢为耻；以规矩做人为耻，不以姘靠通奸为耻；以"讷于言捷于行"为耻，不以舌灿莲花为耻；以没有一个有钱的老子为耻，不以坐吃山空为耻……

我们就这样倒行逆施过一生，到最后病恹恹躺在炕上，终于要面对最真实的心灵对自己的最后审判，眼看那带着倒钩的良知之剑步步进逼到眼前，人间无路，此生已毕，你还能往哪里逃？

点评

这篇文章堪称经典的书评。作者用凝练的笔墨一点一点地拎出了故事的情节主线，情节的尽头，扯出了"羞耻"二字。汉娜以"文盲"为耻，为了掩盖，做出上述离奇古怪的事；接着联想到孙悟空和诸猴以无信为耻，韩信以不能建功立业为耻，乃至贼头以裸体为耻；进而上升到社会，上升到哲学角度，笔触直指人间乱象：有太多的人如汉娜一般，倒行逆施过一生。从书中到书外到社会到直指人心，这就是文字的力量。

半生槎枒

> **作家心语**：书痴是一个比一个痴。痴得清雅，雅得疯狂
> 而无悔，那是书痴的英雄气。

深夜读书。

刚完成一部书稿，奖励自己大块流光。

读书是雅兴、趣致，写书却如牛如驴，嚼的是草，挤的是血。

曹雪芹十年也不过写就一部《红楼梦》，增删十载，披阅五次；路遥可是
活活把自己写死。现如今的写手们倒在自己阵地上的，也不在少数。

所以每完工一个活计，我必得要报复性和犒赏性地饱饱读上几天书。剥削
别人的粮食，当脑满肠肥的老爷。

还是喜欢董桥，这个人的笔触极为温软风致，读来就好像抚摩十八娇娘身
上穿的春绸袄子，又像一块鸡蛋清一样的嫩豆腐，用手轻轻按那么一按，一个
坑儿下去，转眼又弹起来。

他写收藏：

"……紫檀黄花梨都是贵妇，一见惊艳，再见嫌她过分高华，不耐深交。
楠木是清甜的村姑，像周养庵在真如寺废墟破屋前遇见的女子，'女子方栉，
闻声握发出，面黄而好'。香楠水楠都暗黄而带微紫，带清香，纹理柔密是
沐毕栉后的秀发；紫楠也叫金丝楠，昏灯下细腻的金丝更是美人茸茸的鬓
角。……六十年代香港破旧里处处是苍茫的情韵，老店铺老得丰盛，老街巷绉

出文化，我们三两至友都沉迷文房器玩，周末午后结伴走去上环一边寻找一边聊天，杏庐先生是长辈，看得多也懂得多，有他带路破罐旧匣老玉残砚忽然非常沈从文。"

这个"忽然非常沈从文"，非常的闪眼，非常的新。还有那贵妇与村姑的譬喻，秀发与美人茸茸鬓角的比喻，非常董桥。

董桥更是一个书痴。自己写书倒在其次，关键是买别人的书。新书旧书皆喜欢买，或是读或是收藏，或是爱它的装帧或是爱它的纸张，或是爱它的内容或是爱它的作者。

书于他或许是花或许是人，总归是令他有一个"不忍心"：

"……我看到一本《Dr No》一九五八年初版，摩洛哥黑色皮革装帧，书脊压红签烫金字，古典得要命。我顺手翻翻第一章第一页，四十多年前西贡白兰花的香气隐隐约约飘了回来：'Punctually at six o'clock the sun set with a last yellow flash behind the Blue Mountains...'书很贵，我要了。那本《The James Bond Dossier》也是初版本，从封面到封底保养如新，我不忍心不要。"

文字雅淡的人，日常烟米即罢，风云不争，对愤怒等情绪极为排斥。他写一个英国作者的成名小说："写学院里的激进讲师，都说是典型的'愤怒青年'之作，我讨厌愤怒，读了半本没有读下去。"

讨厌愤怒，多么鲜明。

因为讨厌愤怒，人间世总少不了让人愤怒到昏了头的事，所以他才躲进书斋。

他不肯尖锐。

所以写到那个红红火火的大时代，他的笔底也不见愤嘲，只在你鼻端缭绕一丝烟气，待你转眼去看，又没有了：

"吴湖帆一九五八年画的一幅石榴树、灵芝、红花、红果，据说明说是象征'大跃进'革命的火红年代，多籽的石榴果和灵芝则寓意江山千秋万代，可是，整幅画根本是很传统的图画，吴湖帆更没有在题识用旧诗词歌颂新时代，只题了'红五月'三个大字，放诸各朝各代皆可喜！老舍夫人胡絜青那幅工笔设色昙花画得真生动，题识是'经济作物为人民'，左下角盖闲章'为人民服务'。嘉德的说明说，胡老家中养昙花，年年开花，常有亲朋好友上门守候名花一现，此乃画家写生之作，画题《经济作物为人民》深具政治含义，'实属为保护作品，不致因'玩物丧志'、'小资产阶级情调'等莫须有的指责而加害于它，这也是当时花卉画家的唯一'出路'。'这跟娄师白一样聪明，他那幅岁朝清供完全因袭古法作画，只加画一盏红灯笼，题了十四个字：'人民公社红灯举，照得万年百花开。'"

这样的人平生寂寞，只是不会叫不会喊，只坐拥书城，在书海里看着旁人的胸中荆棘、平地风波。

过生日了，却不晓得找谁来一起过。真正志趣相投的又有几多？就便爱书罢，他读的未必是我的菜，我读的未必是他心头花、枝上鸟。

不爱书的，又实实不晓得说什么。

所以，我就效仿了他，独坐书斋，以字为烛，照我半生槎牙。

★ 点　评

本文通篇都透着一股子对董桥的欣赏及惺惺相惜之意，"好像抚摩十八娇娘身上穿的春绸袄子，又像一块鸡蛋清一样的嫩豆腐，用手轻轻按那么一按，一个坑儿下去，转眼又弹起来。"这文字又恰恰是"非常凉月满天"了。如"坑儿"切不可小瞧这个儿化音，倘若去掉了读，便味道尽失。语言还是须得先从词句的锤炼开始，体会此字换了彼字的不同表现力，才可以渐渐养出自己对文字的鉴赏和感觉，如此，离写出优美文字便不远了。

慕它清安

作家心语：百无一用是书生，书生为书醉一生。

《杯酒慰风尘》《流动的书斋》《豆绿与美人霁》《把盏话茶》《木瓜玩》《文字是药做的》。

一个编辑朋友说：一个好的书名，能顶三千册书。

这句话我信。

就算不看内容，看见这几个题目，我也会起意往家搬一套。这些书名给人感觉是那种清淡的香，香得几乎没有，可是分明又在。也不缭绕漫卷，就像一块乌木镇纸，或是"霜清纸帐来新梦"的纸帐。镇纸下压着一张素笺。纸帐后面，掩的也不是雕漆描金的大床，也不会有鸾凤和鸣，不过是躺着一个青衫朗目的书生，随手闲翻一本书。他手上的书，可以是这套书中的随便哪一本。纸外世界，帐外人间，嚣闹杂乱，不得安闲，唯得安闲的，就是这片刻片居寸心。

正看《杯酒慰风尘》。酒是不懂，好在也不是讲酒的书，不过是酒食茶味纸上鲜，一个人和世界上其他同好之间的互动。我也爱吃，却是酒也不敢，茶也不敢，酒怕冲头，茶又不能助眠，可是却爱那茶馆酒馆。就像这个叫朱晓剑的作者说的："喝茶在我，更像是在观察一个大千世界的千姿百态。""在酒世界里，不是沉浮，也不是迷醉，只不过是多一些想法而已。"

初夏去绍兴，访乌镇，乌镇里有布置的大红喜堂，有描龙绣凤的新郎新娘喜装，又有月洞桥和连天遮地的闲花草，真是鬓边严簪钗头凤，乌镇桥边野草花。

那里又有大酒瓮酒缸，平生第一次尝到黄酒，一口下肚，不是火辣灼烧如线，却像是吞下一盏温暖的油灯。再向下一路走去，看桥下流水，路上行人；又荡秋千，看人家门边悬挂的五月端午的艾叶，伴着一点绵软的酒香，就有了一种别样的风情。本来满腹心事下江南，那刻却被区区一口酒慰了满腹的风尘。

　　我对文字痴迷，最上瘾时，行在路上，看天，看地，看花，看草，看树，看云，看狗，看人，都是一个个、一行行的文字在奔跑、舒卷、平摊、鲜艳、汪汪地吠、唱歌、讲电话、谈情。所以，对于董桥的一句话"文字是肉做的"格外赞同。语言距离思想最远，用文字表达出来的思想时常被扭曲和误读以及误认，可是又离不了文字的作用。荒谬吗？其实也不是。有的文字可以做瓶插的鲜花，有的文字可以做匕首与毒药，有的文字冶丽流荡，有的文字沉实拙朴。我倒真的愿意我的文字如针如刀，如茶如药。所以这本《文字是药做的》我虽还未读，先在心里对它存了一份好奇和好感的心。至于内容，待读后再感。

　　爱书的人必钟情书斋。我对未来生活的一大畅想，就是有书斋一间，书墙三面，条桌一，座椅一，桌上镇纸、宣纸各一。闲来涂鸦，忙时写作，写得倦了，随时从书架上抽出一本书来看，倦时抛书午梦长。不过书斋抵不过书城，书城抵不过书乡，书乡抵不过人间。人间事这一刻不知下一刻会发生什么。好比说我的一个美女同事无意间一跤滑倒，竟摔出一个腰椎骨折，那是怎样的际遇错落。这尚且是最直观的。人生路一路走过来，上一刻还是和和乐乐，下一刻已经劳燕纷飞，又有谁知道？人遇热水觉烫，遇冰雪觉凉，遇坎坷会怨，烈火烹油、鲜花着锦会惊，会有"好花不常开，好景不常在"的恐慌。世事就是一本书，人心也是一本书，走在路上，看到的不是一个个人，而是一本本书，怀里揣着五脏六腑。蓝天亦不是蓝天，白云亦不是白云，青草地、牛羊和大汽车小汽车，它们都不仅是直观的存在，而是历史，是光阴。整个世界就是一个大大的、流动的书斋。

　　去一座陶瓷博物馆，陈列架上的盘碗个个有名称。看着它们，我心里想：

哦，原来这就是豆绿。哦，原来这就是霁蓝。原先印在纸上的名字，就这么化作了颜色，用杯盘瓶碗的形状团在眼前。因为这些名字，我爱上了这些杯盘瓶碗，就像因为这句话"出门之际，白玉兰的白花一朵朵掉了好几朵，花瓣在风雨中坠在地上，银白，纯洁，光滑细腻仿佛冰雕玉琢"，爱上这本书《豆绿与美人霁》。世间万种风情，一葱一蒜，皆是心中所爱的豆绿与美人霁，是盛满百般生命滋味的盘瓶桶碗。

至于《把盏话茶》和《玩木瓜》，不对，《木瓜玩》，都喜欢。随手翻开《木瓜玩》，就看到作者车前子在说："苏东坡把自己弄成一面鼓，随便怎么敲，都响。"好的文字如鼓，怎么敲怎么响；好的书如花，怎么开放怎么香。随手桌边摆一本，床上摊一本，厕里放一本，公园的长椅上也可以让它开放一本，火车的座位上也可以让它响一本。就算它低调，淡素的封面裹着安静的茶和辽远的酒后云天，还有不事张扬的柴米油盐，哪怕乱花渐欲迷人眼，世人也会在万花丛中挑出它们来读、来看，不为别的，只因慕它清安。

点　评

五柳先生"好读书，不求甚解"，作者读书却是因为慕它清安。两人的相同之处便是不慕名利，只为欣悦。作者的文字通篇都在描摹自己内心对书的向往、对文字的痴迷和沉浸在文字中的欣悦安宁。"一个个、一行行的文字在奔跑、舒卷、平摊、鲜艳、汪汪地吠、唱歌、讲电话、谈情。"少年朋友们，若能对文字痴迷如此，好文章当会信手拈来。

第 **2** 辑
看一场电影

　　在电影的世界里，我们不讲技术，只讲情感；不讲功利，只讲心灵。我们歌哭笑泪，替别人活着人生。谁又能说，我们看着别人的故事，流着自己的眼泪的时候，不是在目睹自己曾经活过与未曾经验的无数种人生？

空气里跳舞的鱼

作家心语：所有的风景中，青春最锦绣；所有的画卷中，青春最绚丽。珍惜青春，过好青春。

《乱青春》这部电影看得我很累，不断地重复和闪回。但是看完之后，我却有再看一遍的冲动，然后再看一遍，再看一遍。越看越心凉，越看越悲伤。

其实，电影讲的不过是三个女孩子之间的简单故事。

两年前，小步和Angel是好朋友。她们一起抽烟，一起在"秘密基地"跳舞，两个人的舞狂放、热烈，光影凌乱，映在墙上。Angel给小步涂指甲油，烧掉别的男孩子给她的情书。然后，秋千上，小步絮絮地唠叨自己要跟着骑士到冥王星吃早餐的梦想，下一刻，Angel已经拉过她的手，姿势暧昧而疯狂，小步大惊挣脱。最后，为了一根烟，两个人大打出手，小步离开。滂沱大雨里，Angel哭得好伤心。

两年后，小步和阿咪是好朋友。她们一起聊天，阿咪乖乖地听小步说话，又在小步靠在自己肩头睡着的时候，一边甜甜地笑，一边讲东讲西，声音温柔，悄悄细细。这个时候，小步已经有了男朋友。三个人一起玩摩天轮，阿咪借用了她的黑色指甲油、戒指、耳环……因为她喜欢小步，所以喜欢小步喜欢的任何东西，连带着，连小步喜欢的男朋友，也一起喜欢上了……

故事还没完。

Angel回家，没带钥匙，冲在家留守的老爹拼命大喊大叫，让他丢钥匙下来，胖猪一样只是吃、睡、喝酒、望着窗外发呆的老爹无动于衷。她险险地爬楼进家，气冲冲把她老爹面前的窗口用黑胶带纵横封死，然后拎起老爹剩下的半瓶酒一气灌进喉咙，开始机械地重复每天在老爹面前仅有的两句话：

"我回来了。""我出去了。"

"我回来了。""我出去了。"

"我回来了。""我出去了。"

Angel哭了。

她又出去了。

半夜两点，她给一个中年男人打电话："你能不能请我吃冰激凌。"而这个男人，不过是两年狂荡、放纵的光阴里一场微不足道的艳遇，却是她能抓住的唯一一根救命稻草——用来从十七岁的这一头，渡到十八岁的那一头。

这个男人啊，阿咪才是他的亲生女儿，他带女儿吃冰激凌，却不知道女儿并不喜欢吃冰激凌；他带年龄足够做他女儿的Angel上床，然后却不能满足她吃冰激凌的卑微愿望。

一个两个，都是糟糕的父亲。

青春绵延，这部电影也没有结尾，或者说在结尾没有谁得到救赎。大家一起在残酷的青春里沉沦。Angel在落日余晖中的向日葵田里奔跑、寻找、神情焦灼；阿咪保持着向小步坦白自己抢了她的男朋友时的姿势，回忆起两个人在干涸的游泳池里，小步穿着红裙跳舞。可爱爽朗的小步、孤寂美丽的Angel、天真温柔的阿咪，还有其他男男女女，每一个人都是在空气里跳舞的鱼。

本片由台湾导演李启源执导，以浪漫唯美的"后岩井俊二"风格、创新的诗意手法、极端的故事展示了成长的残酷。它的英文片名叫《Beautiful Crazy》，一场美丽的疯狂，恰合青春的气场。一切禁制只是初露狰狞，身陷青春的人总有本事视而不见，他们更乐于在追逐与奔跑、扭打与挣脱中，自己感受疼痛。然后，慢慢觉醒——初生牛犊不要脸的勇气似乎只昭示着一件事情：每个人都曾经有过混乱、美丽而且残酷的青春。

还看过一部电影《十三棵泡桐》，两者差不多一档：把刀子作为吉祥物的"非好学生"风子，一个肯站出来打抱不平的女孩子，有着很酷的敢说敢做的性格，以及近乎完美的单纯与天真，却在一场同学之间酷肖成人社会的暗战中，"完美"落败，黯然离校，而其他人则继续主流社会所承认的学习生涯。她输了，她有无上的勇气，却有着深不见底的弱小，只擅长自己所拥有的天真和率真，却不擅长进行必要的自我保护。在一个真实而残酷的青春世界里，风子就这样一边失落，一边成长。这部片子在第19届东京国际电影节获得评委会特别奖，导演吕乐获奖后说，孩子们的世界和成年人的世界密不可分却又彼此隔离，这就是他们成长的秘密。而我们看过电影之后，唯一的感觉，就是回首去看那一个个在我们的身边穿行而过的青春身影，越看，他们越像一条条游弋在空气里的鱼。

★ 点 评

　　作者把两部电影放到了一起，是因为她从中感受到了相同的两个字"青春"，看到了相同的意象：一条条在空气中游泳的鱼。在情节的复述上，作者凸显了青春的混乱、逼仄和窒息，用段落，用反复，用标点……不是只有文字才具有表达的能力，标点也有：省略号、顿号、破折号……好的作家会调动所有的工具和所有的材料，表达自己想要表达的东西。

心中的香格里拉

作家心语：放下包袱，就是在强大自己，就能轻装前行，就能使我们的人生更精彩、高尚和宽广。

刚看了一部电影《这儿是香格里拉》，我国台湾著名导演赖声川监制、丁乃筝导演，讲述女主人公季玲失去钟爱的儿子后，一个人去香格里拉找回自己的灵魂的故事。唯美的色调、悲情的情节，以及略带悬疑的线索设置，使整部电影唯美浪漫，扣人心弦。

一场意外的车祸带走了季玲可爱的儿子，也粉碎了她幸福美满的家。她内疚，因为她是在和老公打电话，对儿子疏于照看，才使悲剧发生；她痛苦，因为儿子的离去，带走了她全部的灵魂；她仇恨，因为肇事者没有停车抢救孩子，而是逃之夭夭。她不停地怀念，因为无法遗忘；不停地起诉，意图为子报仇；丈夫被忽略，家庭生活变得压抑而灰暗，一切都无可挽回地绝望。

然后，她无意中在儿子房间里找到一张寻宝游戏的纸条，她边哭边笑。因为这是儿子生前最爱和她玩的游戏——纸条直指云南香格里拉的圣山。

就这样，她独自出发去了香格里拉，然后，意外跌落到云雾笼罩的悬崖下面。等她醒来，却发现自己到了一片宁静、安谧的天地，这里绿草茵茵，牛羊成群，洁白的圣山映着蓝天，如梦如幻。一个小男孩，有着棕红的小脸蛋，一身朴素的藏民装扮，带她骑马，听她唱歌，看她流泪，然后给她宽慰。最后，小男孩说："走，我带你去看我的宝藏。"当她跟着他到达圣山脚下，抬头仰望，却看见山顶上有一个穿藏袍的小女孩，逆光而立，宛似仙女。

她不明其意，笑着调侃："你的小女朋友？"

小男孩严肃地摇摇头："不，她是我的爱人。"

"你很爱她？"

"是的。"

"这就是你的宝藏？"

"是的。"

但是，小男孩却痛苦地说："我的爱人等着我，我却走不了，我很辛苦。"她诧异地低下头，却看见小男孩的脚踝上不知道什么时候，竟然捆绑上了粗粗的铁链。她心疼地蹲下身去解，小男孩竟然深情地抚摩着她的头发，叫她"妈咪"。

原来，这就是她深爱的儿子，因为她不停地牵念，使得他无法脱身奔向自己的世界，很辛苦地恋栈在她的身边，用忧伤的眼睛关注着她，听她在一群藏民热情的邀约下唱儿歌："两只老虎，两只老虎，跑得快，跑得快，一只没有耳朵，一只没有尾巴，真奇怪，真奇怪。"

季玲泪流满面，给儿子解开缠脚的铁链，放他轻身飞去，同时也解开了缠绕在自己心上的爱与恨、苦与痛。

其实，这一切不过是她跌下悬崖后，昏迷时产生的幻觉。她醒过来看到的，是医院的病房，以及陪伴在她身边的丈夫，正对她深情凝望——原来放走了爱，爱还在。

那么，放走恨呢？

她终于撤销起诉，然后在那个已经得了绝症，行将去世的"凶手"面前，听他忏悔："对不起。"三个字，重逾千钧。

她把孩子的小房间彻底整理，该洗的洗，该换的换，儿子照片前飘摇的白蜡烛也拿走，然后从枕套里抖出一本书，一帧帧的画全都是香格里拉的圣山，其中一页夹着孩子从妈妈脚上拿下来的脚链，还有一张字条，上面写着："妈妈，找到了。"

找到了什么？

一番艰辛苦痛，找到的是生命的真谛：解开以爱的名义捆缚亲人的铁链，自己的生命也会于受伤后尽快复原；宽恕别人犯下的罪，自己的心灵也会变得地阔天宽。

所以，我爱读一首禅诗："手把青秧插满田，低头便见水中天。六根清净方为道，退步原来是向前。"

它其实讲的不是"道"，是"稻"。你见过哪株水稻的根子是裹着一团泥巴的？稀稀拉拉几根须根，可不是白白嫩嫩，在水里浸泡？所以说六根清净。

它清净，种它在水的人也得清净。插秧季节，天水相连，禽鸟争鸣，春意盎然。蓝天、白云、青苗、绿水，大姑娘小媳妇挽着裤腿说说笑笑，柔嫩的腰肢像柳条，随手把绿绿的秧苗一把一把插进水中，左俩，右俩，中间俩，一齐进行，六纵六横，随着一步步后退，青天白日下撒豆成兵，排兵布阵的绿秧苗。

所以它又不是"稻"，是"道"。

明明是流布，是充满，采取的姿势却那样恭谦。让人想起素描中一句话："慢就是快，方就是圆。"作画时要先耐心地观察好描摹的对象，然后规划好图画在纸上的布局，待到胸有成竹日，才是洋洋洒洒下笔时，是以"慢就是快"。虽然事物的线条千变万化，但要作好画，先需要用直线打好轮廓，抓住特征，然后逐步细化，这便是"方就是圆"。

插秧也是一样，这样的后退式向前不敢保证一定走得快，却可以保证一定走得远，心灵纯净，不受污染。

心田不干净的人，过不得干净日子，也得不了干净结局。屎壳郎推粪球，会死推活推，不知道回头；人有时和屎壳郎一样，也会冲着一个方向死走活走，不知道换角度。

那么锐意进取的人，停一下、退一步，又怎么了？那么拼命争求的人，放一放、忍一忍，又怎么了？男欢女爱，情根深种，往前冲；名利场中，紫袍绶带，往前冲；土肥地美，囤满仓流，往前冲；爱恨情仇，不死不休，往前冲……一个劲地往前冲，心像滚沸的铁汁，不清净。

试一下，倒退行走在生命的秧田，云水净，莲花开，禾苗绿，稻米香。此间乐，别人不懂，自己懂。

★ 点 评

从电影《这儿是香格里拉》的故事情节到对"稻""道"的感悟，本文很清晰地分成了两个部分，中间引用一首禅诗作为过渡，引出后面的哲人之思。故事是放不下爱，放不下恨到放下爱，爱还在，放走恨，天宽地阔。以此情节做基础，生发出的是"退一步反倒是向前"的哲理。故事是个人间的爱恨情仇，哲理豁然开出人生的广阔天地，为人处世，点滴到宏大，无一不在此道中。

没有奇迹的世界，也那么好

作家心语： 无人不需要温情、慰藉，无人不在心底焕发着爱的光辉。

看了一部电影：《姐姐的守护者》。

姐姐凯特患了白血病，母亲为了她的病，不但辞去律师的工作，还特意生下了妹妹安娜。安娜似乎一生下来就是复制品，十多年来，她不断地向凯特捐献出脐带血、白血球、干细胞、骨髓……粗粗的钢针扎进去，小姑娘哭得哇哇的。可是，这一切都是值得的，因为姐姐的生命原本在五年前就应该消逝了，现在却依旧能够亮着因治疗而掉光了头发的白白圆圆的光头，冲着妹妹温柔地笑。她甚至还能和同是得了白血病的小伙子相爱，穿着漂亮的衣服，戴上漂亮的假发，挽着恋人的手臂，笑容绽放如花。

现在，凯特的肾功能衰竭，安娜，这个"姐姐的守护者"，又要给凯特捐肾了，但是她却不肯了。十一岁的小姑娘，卖掉了金项链，聘请律师，希望能够对自己的身体有医疗自主权。

真是自私啊！

妈妈是那样的震惊，和女儿聘请的律师对簿公堂。

言来语往，刀来剑往，却掩盖住了妹妹自私、寡情之下的真相。

真相是：妹妹之所以拒绝捐肾，是因为姐姐求她让自己自然死亡。十几年来，无数次的呕吐、出血、住院、开刀、放疗、化疗，这个始终笑着的姑娘感觉实实在在地吃不消，生命于她已经不再美好。和她相爱的青年也已去了另一个世界，也许，他正在某个地方，温柔地等待她，冲她微笑。

可是妈妈不愿意，她更愿意相信终有奇迹会出现。

就像电影外的大部分观众，大家都在期待奇迹出现。一个没有奇迹出现的世界，是无聊的，无味的，乏善可陈的。

所以一部又一部的电影，都在叙说着奇迹的故事。比如人死了会有另一个世界，比如世界末日的时候，会有超人穿着红内裤来拯救地球，比如穷鬼砍柴也会捡到一只田螺当老婆。刚看了电影《2012》，那样的大灾大难，居然还会有人逃出生天，重新为人类开辟一个全新的美好循环……那么多的奇迹让我们目眩神迷，是的，我也和卡梅隆·迪亚茨饰演的妈妈那样，同在期待奇迹出现：这个孩子能够神奇地病愈，一切都那么美好，就像海边日光下飞翔的一群群白翅膀的海鸥。

可是，没有。

凯特终于去世。

死的那一晚，她将自己的母亲抱入怀中，如蚌含珠。这样一种反常的构图，给人的印象如此深刻，就像一个通明澄澈的大人，怀抱一个伤痛迷惘的婴儿，最终婴儿得到安慰，伤痛得到解脱。

生活还在继续。妈妈重整凌乱的生活，继续当一个出色的律师；爸爸提前退休，然后负责解答青少年心理问题；儿子杰西展露了艺术才能；而"我"，也就是安娜，则过上了健康快乐的生活。一切都在继续，求生得生，求死得死。

很多时候，我们都在鼓励生。期待能够凭着信心和奇迹，以及越来越精湛的医术，人为地拉长一个又一个痛楚的生命。所以这部影片值得称道的地方不在情节和架构，也不在人物塑造，而是在个体生命的生与死这个问题上，表现出深厚的人文关怀，它揭示出一个没有奇迹的世界，也那么好。

　　这部电影改编自作家朱迪·皮考特的同名畅销小说，导演是尼克·卡索维茨。与西方国家相比，我国鲜少有绝症题材的电影，因为圣人"未知生，焉知死"的教诲是如此地深入人心，使各种艺术题材对"死亡"这个话题都不乐于加以表现。而不得不表现的时候，对于生命个体的死亡价值的考量又仍然停留在一个简单的二分法的世界：有意义或者没意义——有意义的死重于泰山，无意义的死轻于鸿毛。可是，哪怕一生再碌碌无为，当他或她走向死亡，也应该受到应有的关注和尊重——每个人的死都不会比一片鸿毛轻。

　　所以，我们每个人，都应该成为生命的守护者。在能创造奇迹的时候，我们创造奇迹；在无法创造奇迹的时候，我们给生命以温情与安慰，让所有的生命在苦难中焕发出爱的光辉。

　　只有这样，我们才会分明地看到：没有奇迹的世界，也那么好……

★ 点　评

　　一个有些残酷的故事，传达出的却是温暖的讯息。作者拿这部坦然直面死亡的电影和中国讳谈死亡的思维习惯做对比，来叩问自身：对着死亡谈意义有意义吗？我们作为生命本身，都应该成为生命的守护者，这是作者对影片的理解，更是对人性的认识。走近故事，再近一点，然后碰撞出自己的感悟，写下来的文字，定会拨动读者的心弦。

谁不想被世界温柔相待

作家心语： 复杂的社会可以扭曲生命的轨迹。但人性之爱无人可以剥夺。从爱出发，尊重每一个鲜活而唯一的生命，这也是在尊重我们自己的灵魂。

大提琴手小林大悟失业后当了入殓师。在接触到腐尸后，他的心里承受的冲击宛如惊涛拍岸，卷起千堆雪，令他不但跳到一家经营了几十年的老浴池里把自己泡了又泡，洗了又洗，回家后还必须靠依偎在妻子的身边，吸取着带着体香的生命气息才能消解。妻子熟睡，他悄悄拉响了在幼儿园时拉的大提琴，乐声响起，如同流水，让这个孤独的男人还原成一个孤独的孩子，对面坐着的，好像是他的父亲，但又不能确定，因为那个男人的脸已经在记忆里被模糊成一团不辨面目的影子——很早的时候，父亲就和别的女人私奔，留下母亲郁郁而终。到现在小林只保留着一块父亲在河边拣了送给幼时的自己的铁青色的大鹅卵石。

但是，当佐佐木社长带着他跪坐在那些尸体旁边，用温柔的手细致地替死去的人做着一切，清洗、梳头、化妆，小林却被深深感动了。这份看起来冷冰冰的职业，在社长的手下有了非同一般的意义，它能"让已经冰冷的人重新焕发生机，给她永恒的美丽，这需要冷静，准确，并且要怀着温柔的感情。送别故人时的静谧，让所有的举动都变得如此美丽"。

不过这份工作毕竟不体面，不光彩，妻子得知真相后也离开。做，还是不做？这是一个问题。

他已经得窥堂奥，知晓了这份职业的尊荣与宁谧，但又舍弃不了温柔贤淑的妻子，终于下决心向社长辞职。佐佐木请小林坐下，给了他一块河豚鱼白，然后有了如下那段经典对白：

"好吃吧？"

"好吃。"

"好吃吧？"

"好吃得让人为难。"

一句话一语双关，这份职业也好得让人为难。

所幸，妻子又回到他的身边，目睹他给猝死的澡堂老板娘做的一系列工作后，也不再反对他从事这个职业。然后，他收到父亲的死讯。

这个男人，小林已经忘记了他的模样，只记得对他的满腹怨恨。现在，他以儿子和入殓师的双重身份，跪在他的面前，看着他胡子拉碴，落魄潦倒，心里说不清什么感觉。他温柔地给他一点点清洗、剃须、着装，让这个已经在记忆里面目模糊的人重新清晰再现。眼泪像滴珍珠，将坠未坠。然后，他掰开父亲紧攥着的手指，吧嗒，掉下一枚鹅卵石，小如鸽蛋。这是当初和那枚大的铁青色鹅卵石的互相赠送和交换，父亲的给了儿子，儿子的给了父亲。原来，自己以为的父亲对自己的抛弃和遗忘，根本不是那么回事，他一直在父亲的心里——他伤心得不能自持。

他把这枚鹅卵石放在妻子的手里，连同他送给妻子的那一枚，合在一起，放在妻子的肚子上，那里面，孕育着一个小生命。已经去世的，正在人间的，还未出生的，三代人，就这样奇妙地达成了接纳和和解，感情画了一个完美的圆，美好得让人落泪。

这部日本电影《入殓师》获第81届奥斯卡最佳外语片奖，整部影片以独特的视角，拨动了人类美好的天性之弦。在这部影片里，死亡就是这样的美好，美好得让人落泪。

那位想变性不成最后自杀的小男生，小林将他化妆成一个美丽的女孩子，眉目温柔，红唇娇艳，躺在那里，宛然如生；那位坚持开了几十年浴室，坚持用木柴烧水，总是操劳不停，头发蓬乱的老人，小林将她化妆得头发一丝不苟，闭目而睡，好像只是因为劳累，想要小憩一会儿……这些逝去的人，本已经褪去了血色的容颜，在入殓师精心描画下，又重新变得栩栩如生起来。

是的，栩栩如生。栩，是蝴蝶扇动翅膀的样子吧。每个人都如蝶，在花海里扇动翅膀，寻找自己的芬芳。他或她离世的那一刻，亲人，甚至整个世界最大的愿望，不过就是让他仍然如蝶一般开放，仿似将要启程飞向另一个世界，寻找独属于他的芬芳。这样一想，死亡就不悲伤。

谁不希望被这个世界温柔相待？而这，也是这部电影要告诉我们的东西。所谓的人文关怀，通常总让人觉得大而无当，原来它无非就是在说，生亦有尊严，死亦有尊严，生需要温柔相待，死，亦需要温柔相待。

★★★ 点　评

一个关于死亡的影评，言说着一种温柔的美丽。作者遇到了这部影片，然后，把这部影片的美解说给我们听：夜晚拉起小提琴，想起父亲的鹅卵石；和社长的对话，去留两难；给父亲整理仪容，手里的鹅卵石；两枚鹅卵石放在妻子肚子上。四个唯美的片段，让死亡变得不再恐怖。接下来概括小林为几位逝去的人整理仪容，让他们在死亡时芬芳如常。由点到面，作者用一只温柔的手，一一指给我们看：死亡一旦被尊重，整个世界都温柔了起来。这样的题材温暖有爱，同时引人深思，正是中高考阅读理解常见选题类型。

一 一

作家心语： *审视自我，睿智就离我们不远了。*

看了一部十年前的老片子：《一一》。台湾电影界的中流砥柱，已故导演杨德昌在2000年拍的一部力作。

这是一部奇妙的电影，有评论家说它反映了一个人从纯真到怀疑，再到睿智的过程。

在长达三个小时的，充斥着鸡毛蒜皮的生活表象的下面，是一个个人从起点开始，又回到起点的圆的历程。这样的认知一旦确立，格外让人无力。

NJ是一个中年商人，书生气质，带着妻子和两个孩子以及岳母，住在台北一间普通公寓。岳母在他的小舅子的婚礼过后中风不醒，此后每个人都轮流在婆婆的床前给她说话。

最先发现问题的是NJ的妻子。她几分钟就可以把自己一天所做的事情对母亲汇报完毕：早上做什么，下午做什么，晚上做什么，今天和昨天一样，昨天和前天一样，前天和去年一样……她哭泣不止："我怎么只有这么少？怎么这么少？？我觉得我好像白活了，我每天……每天……我每天像个傻子一样，我每天在干什么？"NJ靠门站着，静静聆听，表情木然。生活如此疲惫，他没有力量给她安慰。

妻子走了，去山上清修。在此期间，NJ去日本做生意，见到初恋情人，两个人携手而行，谈笑风生，怀旧亦是如此温馨，让他重新变得年轻，连嘴巴里吐出的话都是花芯里滴落的蜜："那时候你穿得跟别人一样，但看起来就是不一样！"

然后，NJ的妻子回来了，因为她发现山上和山下也没什么不同。在家里，她说，妈妈听；在山上，别人说，她听。一样的了然无趣的人生。NJ也回来了。十年前，他因为不满意初恋情人对他当年的前途的强硬安排而离开；十年后，二人之间虽然甜蜜和依恋仍在，可是，初恋情人仍旧想要对他现在的生活进行安排……

其实，每个人的生活都看似纷繁复杂，其实单调得可怕。NJ的小舅子只会在婆婆的床前翻来覆去讲"我很有钱，我很有钱"，他的生活也始终在有钱、没钱、有钱、没钱之间转换；NJ的女儿稀里糊涂陷入一场不应该的恋爱，到最后这场恋爱又稀里糊涂结束，画了一个稀里糊涂的圆。所以，NJ才会在岳母的床前，迟疑半天，艰难开口："有时候觉得每天早上醒来的时候，都觉得一点把握也没有。都会觉得说，好不容易睡着了，干吗又把我弄醒，然后再去面对那些烦恼，一次又一次。如果你是我，你会希望再醒过来吗？"

所以NJ夫妻坐在床上，NJ才会讲："本来以为我再活一次的话，也许会有什么不同，结果……还是差不多，没什么不同，只是突然觉得，再活一次的话，好像……真的没那个必要，真的没那个必要。"他的话是一把钝钝的木刀，一点点削掉人们活下去的希望。

所以NJ的小儿子，才十岁的洋洋，会在婆婆的葬礼上，掏出一张纸来念："婆婆……我好想你，尤其是我看到那个还没有名字的小表弟，就会想起你常跟我说'你老了'，我很想跟他说：我觉得，我也老了。"

在纷繁复杂的世界，老得最快的永远是人心。

三个小时的电影，似乎只提出一个疑问："再活一次有没有必要？"有没有呢？假如导演只是为了借NJ之口，说一个"没必要"，以打击大家生活下去的积极性，那就辜负了他对这个世界的真情。

在灰暗的人生中，洋洋像一枚小小的亮片。他一直不停地拿着照相机拍啊拍，专拍别人看不到的东西，比如自己的后脑勺。这个小男孩在竭力告诉我们，生活像一个半面的"一"，看似平凡、普通、平庸，可是，我们看不到的那个"一"的另半面，是另外半个世界，说不定会美丽、漂亮、充满激情。所以，一定要找，要追寻。

这让人想起同样是2000年的一部力作，美国导演门德斯执导的一部影片：《美国丽人》。片名火辣直白，其实不过是一种四季开花的红蔷薇，美丽，但花期短暂。

影片的男主角莱斯特迷上女儿的高中同学——美丽的啦啦队队长安吉拉，在对她的无尽的欲念下，辞去了索然无味的工作，减肥健身，向妻子坦白自己对夫妻生活的厌倦。可是，最后一刻，他却停止了对于安吉拉的肉体的索求，因为他终于意识到自己对于家庭和家人背负的责任，唤醒对于生活的强烈热情。

影片末尾，外面大雨滂沱，室内温暖如春，晕黄的灯光，他和足够做自己女儿的小安吉拉面对面地交谈，一切都静美得不类人间。安吉拉去休息了，他独自捧着一家三口的合影照片，笑容温馨。然后，一声枪响，血色盛开，如同怒放的美国丽人。

凶手是邻居———一个偏激而愤怒的退役上校；而正在开车赶回的妻子，包里也装着手枪，里面有打算喂给离心离德的丈夫的子弹……

他死了，很不幸。

可是，他又很幸运。迷惘一辈子，临死的一刹那，他的脑海中像放电影，看到了久违的美好：躺在草地上看流星雨，街道上枯黄的枫叶，奶奶手上纸一样的皮肤，托尼表哥那辆全新的火鸟跑车……所有的美像雨水，把被烟熏土染的灵魂洗得清透洁净。莱斯特死前的笑容啊，是那样温柔而纯粹，仿佛一碰就碎。

两部影片好比小男孩洋洋眼中的世界，《一一》是前额，《美国丽人》是后脑勺，只有连在一起，才是真正完整的答案：人生虽然灰暗，美却无处不在。只不过需要仔细寻找，才能真正发现。而找到的人，会趁着活着，再活一次。

★ 点 评

这篇影评打动人的地方，是把看似不相干的两部电影放在了一起。"《一一》是前额，《美国丽人》是后脑勺"，这个比喻着实让人着迷，清晰又形象地勾勒出一个硬币的两面的感觉，在这个感觉的核心，是深刻的哲理：美就在灰暗的人生中，人生就是一个不断地翻看硬币的两面的过程。作者整合信息、提炼主题的能力超强，令人叹服。

野孩子

作家心语：皇宫里血腥与恩宠交集，本性与欲望冲突。

戏在演绎着故事，也在演绎着人生。

《王的男人》是一部韩国电影，那个高高在上的、残暴凶狠的王，让我耿耿于怀，念兹在兹。

刚开始的时候，他的出场是坐在高高的宝座上，等着被人取悦。如果他被取悦了，那个可怜的山台戏班的人就有命留下，如果不能被取悦，他那张冰山脸就足够让钢刀砍断这些可怜的小丑的脖子。

后来，他果然被取悦了，不光是因为小丑们竭尽全力的耍宝，还因为在倒栽葱式的耍宝中，那个面貌清秀、眼神单纯而温柔的小丑孔吉戴的滑稽面具掉下，那张漂亮得赛过女人的脸倒栽葱着呈现在王的面前。

王喜欢孔吉，我敢肯定，他起初就是单纯地喜欢这个人的温柔如水、干净清澈，就像一颗被关在小黑屋里的心灵，看见了一点屋外的小小灯火。在这点小小的灯火面前，高大、凶狠、冷漠、残暴的王，逐渐缩小，后退，回归，还原，变成一个惶恐无告的小孩。

王拉着孔吉一路小跑回自己的寝宫，然后，展开表演皮影戏的小小的方寸窗格，灯光洒下来，窗格上"啪"地映出两个人像：一个大块头的嚣张男人，一个张大嘴巴哀求的小孩。王一边玩皮影戏一边给他们配音，对面坐着一个原本是小丑的观众。

王说：

"爸爸，我想见妈妈。"

"哼，你怎么这么软弱！太让我失望了！"

"爸爸，求求你，我就看妈妈一眼，就一眼。"

"哼！"那个大块头的皮影头也不回地消失了。

让人动容的，是这时候王的眼神。他的双目赤红，似有一层泪膜，又似心里的火把什么都烧干了，那张脸那样的悲哀失落。

这个王是历史上出名的暴君——燕山君，他的母亲据说因为遭妒被废，又被赐毒而死。在残酷的王权争夺战中他被皇太后扶植着登上王位，却娶了惑乱后宫的妖姬绿水，并杀死父亲的后宫妃子，殴打皇太后——也就是他的奶奶。可是，在影片里，他虽然会在山台戏班演戏的时候杀人，会动辄砍别人的头，但是，却也是一个苦苦思念母亲的可怜小孩。一出小小的皮影戏汹涌倾泻出他心里的悲伤。

更可悲的是，小小的孩童的灵魂被他封存在心里，没有长大，他的身体却长大了，他成了一个没有全面发展的，残缺的，残废的"人"。这样的人，因为身体、心智和灵魂的协调发展没有完成，而硬生生缺了一个角，所以，就显出了锋利凶悍的棱，就像玻璃破碎的尖端，在阳光下闪着冷冷的光，随时都可以插进别人的心脏。

山台戏班在孔吉的主张下，为他演出了一出宫廷戏，戏里，那个国君的宠妃被国君的两个妃子下了谗言，国君的母亲硬逼着国君端着盛着毒药的碗，拿给那个美貌贤淑的女人，女人端着药碗，一边仰头喝下，一边伸出手，叫："我的儿。"

孔吉也许只是想借这样一出戏，抚慰一下王孤寂的心灵，殊不知他并不懂残酷的宫廷曾经发生过怎样的悲剧，这样的声音听在王的耳里，却是当年母亲被害一幕情景的重演。此时的王不再是王，而是执着佩剑，为了保护母亲而狂性大发的凶汉，他手刃了父王的两个妃子，鲜血洒满了整个宫殿。

一个缺爱的可怜小孩。

　　一个残暴可恨的王。

　　他把小戏子孔吉强留在身边，把反对重用孔吉并且暗杀孔吉的大臣用箭钉在树上；他把那个想带孔吉走的戏子长生的眼睛用火热的烙铁封死。孔吉自杀未遂。王终于明白，他可以用强权留住这个美貌柔弱的男人，但是却拽不住他已经飞走的心。他企图给自己找一个伴，可最终仍旧孤孤单单。他无限依恋地看着昏迷的孔吉，退出房门的最后一刻还舍不得别开目光，他在廊下抚窗棂而过，穿着单衣的身影萧索单薄。

　　最终，暴民如洪水，一层层冲破宫墙，他和王妃高高地坐在宫殿之上，等着末路的到来，长生瞎着眼睛踏上高高的绳索，孔吉也追随而来，两个人奋力一跃，同时跃向半空。完。

　　电影结束，那个王的通红的含泪的眼睛，就这样定格在我的心灵的天空。

　　野孩子（feral child）是一个心理学意义上的词语，它指年龄很小就与人类生活隔绝，而不懂得人类社会行为和语言的孩子。影片中的王年龄很小就沉浸在阴谋、凶杀、宫廷的血腥争斗、纠缠心机里面，长大后看见自己真正喜欢的人，也只会把他当成一个东西来喜欢，想霸占。这样的人，从某种角度来讲，也是一个不懂人类社会行为和语言的野孩子。

　　而野孩子最终却放开孔吉，转身离开，给他自由，这样的野孩子让人疼痛，因为他那颗被关在失爱的小黑屋里哭泣的小小心灵。

点　评

　　这篇影评对所有情节的复述，都归为两点：一个缺爱的可怜小孩，一个残暴可恨的王。影片是用影像来展现人物内在冲突，而影评则是用如刀文字劈开影像，把故事的张力、双面性格的互搏赤裸裸地展现给读者。作者两次刻画出王的眼神，"双目赤红，似有一层泪膜，又似心里的火把什么都烧干了"，"通红的含泪的眼睛"，这是一个无助的野孩子的眼睛，和那个残暴的王的行为形成鲜明对比，挤出一声无奈的叹息。

孤独的香水

作家心语： 当丑恶覆灭的瞬间，它的绝望会淹没所有曾经的得意。弃恶扬善，我们别无选择。

在奥弗涅中央山脉，一个名叫康塔尔山的两千米高的火山山顶上的岩穴里，靠着喝生水，吃野草、蜥蜴和蚂蚁等爬虫，住着一个人。他叫格雷诺耶。

因为敏感非凡的鼻子，他在尘世生活中积攒下十万种气味，然后逃离人群，凭此在荒凉世界盖起一座想象中的气味城堡。白天他幻想在天上飞行，给整个世界播洒各种气味的甘露；晚上他幻想有看不见摸不着的气味使者给他拿看不见摸不着的气味之书，以及气味饮料和气味美酒，一杯一杯把自己灌醉，最美好的一瓶是被他谋杀的马雷街少女的体香……

这就是《香水》的作者帕特里克·聚斯金德赋予主人公格雷诺耶——这个天才加疯子——看世界的角度。

可是，有一天，他却惊恐地发现：世界上万事万物都有自己的气味，而他却没有一个"人"应有的味道。这种感觉让他发狂，像踩着烧红的火炭一般乱跳。

他不得不离开自己的"宫殿"，重新走进人的世界。他要制造出世界上最伟大的香水，他要成为全能的芳香上帝。这种不祥的愿望使他像张着大嘴的狮子，吞噬了一个又一个少女的生命，他把她们的身体变成萎谢的花朵，掠夺了她们的芳香，终于真的制造出上帝一般的味道。

　　罪行败露，马上要被带到刑场残忍处死的那一刻，他试验了这种香水的魔力——他只不过滴了一滴在身上，在场的一万人，包括被谋杀少女的父亲、母亲、哥哥，就都把他看成是他们所能想象的最美丽、最迷人和最完美的人。而他像上帝一样面带微笑，谁也不知道他那微微牵起来的嘴角掩饰了什么。

　　他恨，他忌妒。这些人卑微，下贱，却拥有尘世的一切。他们有自己的气味，他却没有。他实现了"伟大"的理想，却仍旧是一个无法回到人类世界的幽魂。

　　臭气熏天的公墓里，格雷诺耶把整瓶香水倒在身上，引诱一群流氓、盗贼、杀人犯、持刀殴斗者、妓女、逃兵、走投无路的年轻人出于绝对和完全的热爱，把自己分而食之。半小时后，这个天才和疯子的合成物，谋杀少女的人犯，伟大的香水制造师，从地面上彻底消失，一根头发也不剩。

　　《香水》这部电影就像一只大手伸进生活的五脏六腑，好一阵翻搅，从里面挖出最深、最本质的东西——孤独。

　　因为孤独，他不懂人是要爱人的，也是要被爱的，人的生是值得庆贺的，死却值得悲伤。所有人世一切情意和法则，都被他轻轻忽略掉。他毫不怜悯、毫不手软地前后害死一共二十六个美丽少女，只是为了占有——违背人类通行法则的孤独，就这样成为整个人类的噩梦。

　　而当他靠着假冒的味道招摇过市，他的"想被认知的迫切感"，也许正是我们共有的焦虑。这里体现的是一个恒久的孤独与追求被认同，但是到最后却命定地永远孤独的命题。

　　我们生活在群居共食的社会型群体居住环境里，被相同的价值体系支配，认同钱是好的，爱是好的，有朋友是好的，但是，每个人的心里又都有一道幽深的关锁，锁着的，就是那个小小的、叛逆的、孤独的灵魂。所以我们永远不可能像太阳地里那一大片金黄耀眼的向日葵，冲着一个方向微笑，冲着一个方向唱歌，冲着一个方向感恩和祈祷。每一株植物的心里都流淌着孤独的浆液，既渴望被认同，又渴望独立，在反反复复的矛盾中撕裂着自己的灵魂，彼此相望，却不能懂得。

海明威的《战地钟声》里，受重伤的罗伯特打发深爱的姑娘撤离，独自留在阵地，一边竭力在剧痛中保持清醒，一边胡想一些乱七八糟的东西，有一句最打动人心："每个人只能做他自己该做的事。每个人都是孤独的，每个人。"这本书的另一个名字叫《丧钟为谁而鸣》。其实，对于整个人类世界来说，绝对不必打听孤独的丧钟为谁而鸣——丧钟就为你鸣。

点　评

作者把《香水》这部影片比作一只大手，从人心里面挖出最深最本质的孤独，而这篇影评又何尝不是一只大手呢？这只大手伸进影片中，好一阵翻搅，抓出故事的主题——孤独。我们在阅读中也要读懂文字，提炼概括出主题。

一句永不过时的预言

作家心语：善恶相互渗透，也相互争斗，但善永远是最终的胜利者。

重温了一部香港电影：《舞台姐妹》。老片子了，以往是看这些女戏子在台上唱念做打，这次看，深刻地认识到有人的地方就有江湖。

戏班里原来是青衣沈雁秋挑大梁。她和小香水两个人台上唱《苏三起解》，台下唱二王争霸，沈雁秋讥讽小香水在台上扭腰扭屁股，想勾汉子，小香水讥讽沈雁秋命硬克夫，混不下去了才来这里讨口饭吃。两人吵，别人看热闹，赛老板和秦老板劝解无效，秦老板摇头叹口气："唉！这哪像戏班儿啊，乱七八糟的！"

估计每一个生活在社会群体中的人，都会有这样的感慨吧。无论你是在一所学校，一个班级，一间办公室，还是在一个企事业单位，都会有出头的、有不忿的、有看热闹的、有想正风气而心有余力不足的。若是再加上一个像班主那样软弱的领导，那就更乱套了。

当班主请来刀马旦崔燕侠的时候，一干主角都沦为跑龙套的配角，这时候，她们又空前团结起来，集体要给这个抢风头的崔燕侠下马威。沈雁秋傍着崔燕侠练武戏的时候一刀削掉她的帽子；小香水更是没过两招，拖刀就跑，一边发怪叫："哇呀呀……打败了……"

不由人想起四个字：见宠遭嫉。不要说你不知道这四个字什么意思，也不要说你不知道它是什么滋味。无论你是被宠爱遭忌妒的那个，还是见别人受宠你心里忌妒那个。大家会不约而同地将矛头对准最光鲜亮丽的那个，然后痛下杀手，这也是为什么会有"出头的椽子先烂"的俗语，又有一个成语叫"木秀于林，风必摧之"。

这时候，先不要急着呼天抢地，说什么江湖未尽风波恶，真正的风波恶永远不是来自内部。上海的恶霸四爷看上了主演之一的赛小雪，借唱堂会之名，行强抢赛小雪之实。关键时刻，崔燕侠说一句"小老板，托天"，小香水应一声"是"，两手一垫，崔燕侠飞身而起，直扑恶贼，大家一通混战，全身而退，彼此才真正成为好姐妹——和外界风波的对抗倒最有利于内部团结。

但是，外患平息，内忧就几乎同时而起。戏班的生意一天天好起来，崔燕侠那明摆着比大家多得多的包银，又引起沈雁秋的忌妒。崔燕侠本被骗失身，含珠遗恨，庆功宴罢，要偷偷喝药打胎，被借酒消愁之后酒渴寻水的沈雁秋发现。崔燕侠慌急无措之际，要给她曝曝光的沈雁秋却在关键时刻倒了嗓子。崔燕侠大喜，出言讥刺："寡妇死儿子，没指望喽……"但是转眼间又过来安慰沈雁秋，两个人前嫌尽释，在黑沉沉的舞台上，共话衷肠。

而内忧消散的同时，外患又会云蒸雾蔚，席卷而来。戏台上锣鼓响成一片，几个女将在台上打得热闹，这是戏班遭恶霸迫害，解散前唱的最后一出戏——《穆桂英》。四爷带人砸场，生死攸关之际，所有人抱成紧紧的一团，拼死搏斗。官匪勾结，拿枪的兵丁赶到，一字排开，把几员女将堵在舞台。鼓师和班主在后台匆忙把酒坛做成炸弹，在枪声将要响起的一霎，冲上前台。电影定格在一片火海，几个穿着长袍短靠的戏装，演着别人的悲欢离合的姐妹，在自己的舞台上站成一道凄绝的风景。

电影扮相好，情节美，这且不说，人与人之间的关系很像所有人群的缩影，当没有外敌的时候，大家的小心思最多、最争名夺利，一旦外敌来临，马上捐弃前嫌，抱成一团。所以，很多人总是在抱怨，总是想远离人群，总觉得人群中有浊气，不干净，其实倒是自己有一颗不肯平稳看待世事的心。

人是有私心的，又有左中右，又会闹帮派，又会起哄架秧子，又会闹事挑衅，又会打太平拳，假如你看这也不顺眼，看那也不顺眼，那就变成了林黛玉，处处都是风刀霜剑严相摧，其实倒是自己摧自己。若是心平气和地看，就会发现，人群自有人群的强大魅力：有了它，我们不孤单；被侵扰的时候，我们有后台。只要调整好心态，超脱一些，豁达一些，就能在人群里如鱼得水，一边安全，一边自在。

舞台小世界，人生大舞台，一部不起眼的老片，俨如一句关于人群的永不过时的预言。

★★★ 点　评

这篇影评顺应了电影情节的波折，采用了夹叙夹议的写法。情节的复述和感悟环环相扣，引领读者一步步看到影片的主题。

第**3**辑
走一段长路

山山水水，雨雨风风，花花草草，村村城城。心在远方，是因为远方处处有美景。心在他乡，是因为他乡美好，亦如回不去的故乡。

寂寞如珠，开遍春晨

作家心语：所有的月亮都美，但故乡的月最亲。

在你心的欢乐里，愿你感到一个春晨吟唱的活的欢乐，把它快乐的声音，传过一百年的时间。

——泰戈尔

黄土高原的丘壑纵横我走过；云南丽江的眼波横媚我见过；我品尝过厚厚一层红油的山城火锅，还被怒涛差点席卷下了黄浦江。

走遍了天下的一颗心，不肯把赞赏轻易给了身边的风景。

所以，当我在这个出不去远门的春天早晨走上距离家门不过四五十华里的小山时，是有一种不屑一顾垫底的。

有什么力量能够把一个自以为是的人的自负的坚硬的心给变得柔软而低回呢？

这样一座名不见经传的小山，不曾被开发过，没有被赏识和宣传过。如果不是非典时期，怕它是永远寂寞的吧。现在，它迎来它命里的一批又一批出不了远门的无奈的游客，还有我。

且行且止，我渐渐落在所有人的后面。萋萋芳草掩蔽了路径。我可以任意栖止行走，打开除语言之外所有的感官，于沉默中渐渐感到一种惬意和放松。耳中却又传来阵阵水声，让我很迷惑，因为哪里都不曾见到溪流的影子。循声寻去，我恍然大悟。我走入一片松林，方才听到的水声，原来却是阵阵松涛，听来不似江水拍崖岸，却别有一种悠远和耐人寻味。而脚下踩着的，是历年积攒下来的厚厚的松针，已变得银白，好像人在孤单时心中长出的丛丛白草，荒凉而寂寞。而日光透过松林投射在地面上的影子，一如音乐，在心弦上安静地奏响。我连咳嗽一声都不敢，怕惊扰了这荒凉的弹唱。这片松林，隔断了尘世的烦嚣。周围很静，鸟声很远，一粒陈年的松果躺在这重重的白草之间，带着灰败的容颜，无边无际地沉睡着，不肯醒来。

正在沉思，喧闹声突兀而来，游客们穿过这片松林向着一个地方赶去，让我有点莫名其妙，也有些恼怒，恼怒这些人的冒昧，没心没肺的乱嚷惊得鸟也远扬。真是出得门来，只带眼睛，不肯带心。当人们又兴高采烈地返回的时候，我看到他们手里擎着、嘴里含着的鲜红的火一样的粒粒果实。我等到这片松林又重新恢复宁静，抱歉地说声打扰，也寻路而去，看看哪里能生长出这样热烈的颜色和甘甜的滋味。

一片绿色亮在眼前，一阵清凉扑面而来，眼睛好像被清洗过一样舒服和明亮。我不禁深深叹息。原来走遍一个又一个春天和翻遍所有所有的远方寻找的芳踪，就躲在自己的身后，只需一个转身，就可以尽享这春的盛宴。

绿叶如海，红果似珠，在寂寞中生生死死，酸酸甜甜。好似深埋民间的世世代代女子的青春，不为人知地热烈着，不甘人后地放纵着，把一生结成一团火苗，燃烧在属于自己的这一个唯一的春天。想起陕北信天游《泪蛋蛋》，"咱们见面面容易那个拉话话难，拉不上那个话话哎呀招一招手……"想起甘肃宁夏的花儿，想起女子的铮铮誓言："就是钢刀把我头砍断，我血身子还陪着你哩。"唉，怎么联想到这些，只因为这些叶绿得太纯粹，这些花开得太鲜艳。

我感到自己很突兀地闯进一片不属于自己的空间，我不是这里的主人。所以我不肯采摘它们来装饰自己，更不肯用它们充填我的腹肠。我所能做的，只是举起相机，拍下了两只结在一起的红果，像双胞胎，更像生死不离的恋人，安坐在绿叶的承托之上，相爱得心安理得。

一路走来，我还看到一朵黄花，夸张放肆地伸向天空，索要着阳光和水分，有点不知害羞，有点沾沾自喜，尽管好像少女脸上的粉刺一样，自己的花瓣上已经被虫子咬开一个圆圆的洞。

我还和一个山民做过一次短暂的攀谈，并在他的允许之下为他拍摄了一张照片。现在这张照片就放在我的桌面，黄土颜色的脸，粗糙的带着鳞皮的手，白铁烟嘴的烟袋和头上那顶已经没有帽檐的破草帽。当他把漠然的目光投向不可知的未来的时候，我的心被我的世世代代的父辈兄辈身上的重压狠狠地牵痛。我是个农民，这个事实，到死都不会改变。

要走了，我要走了。我来过，留下了我的脚印，我走了，带走了几许回忆，心里竟然对这小小的山有一种莫名的不舍。当最后举起相机的时候，我拍下了高远的蓝天和游鱼一样灵巧活泛的白云，拍下了一大片的山坡。这片山坡，开满了星星点点的白花，在对我做着无言的提醒。

我才发现，走遍天下的脚步，却忘记了造访近处的风景，浪游世界的心，也不曾为了眼前的守候感动。当这满坡的白花开出一片片莹润如珠的寂寞的时候，像煞了母亲的眼神、父亲的关怀和厮守多年的爱人的星星点点的温馨。

★ 点 评

正如每个故事都会有一个高潮一般，每篇文章都会有一个亮点。这篇文章让人眼前一亮的是那片"绿叶如海，红果似珠"。为了托举出这一片灿烂，作者先写自己对身边景色的不屑一顾及小山景色的荒败，在这种情绪和景色的衬托下，绿更加纯粹，红更加鲜艳。作者再把镜头拉近，给两颗红果一个特写：结在一起，像双胞胎，像恋人。不用太多的语言，美自在其中！

发配日记

不要忙到忘记赴花草之约，它们是天地对你说的悄悄话……

假期将自己发配山中数日。

夜宿旅店，天明等不及地出门，行人稀少，水流湍急，一路水声訇訇如雷鸣，兀自寂寞地喧哗。

孤身一人，行于想行，止于想止，听半空梵音阵阵，南无阿弥陀佛之声响彻心肺。倚崖一座小小庙宇，门前一个和尚在卖票——佛门都要入场券，有些扫兴。我索性不进去，和他说起话来，问他各种问题：师父从何而来，因何来此，如何为生，可有父母妻子儿女，投的哪一宗派，信不信天上真有神佛，而人真有转世和六道轮回否。和尚好脾气，一一作答：从南京佛学院毕业，受本地聘请来此，高堂均在，都是居士，没有妻子儿女，自愿出家事佛，皈依净土宗，天上真有神仙，而人真的要转世，神道、人道、阿修罗道，各遵前业而行。

我接着发问："师父，请问，你既是佛学院毕业，当是修行精深，典籍深透，请问你除了佛教典籍之外，还读不读其他种类的神学书籍，比如《圣经》和《古兰经》？"他摇头："我决不读它们，我一入佛门，身心清净，不肯让外来心魔乱了阵脚。"我也摇头："这样拘囿一室，实在有些狭隘，读它们未必是信仰，也可以当作一种哲学思路对待，把人生问题想得更明白一些，又有什么不好呢？再说，知己知彼，方能百战不殆。"

该问的问完，我说师父，扰你，告辞。和尚说施主慢走。我转身下山，不再回头，缘尽于此，方见干净。我一路下山，想出一句诗：又逢寺僧说闲话，偷得浮生半日闲。

我一路行来，心猿意马，惹草拈花。但见一树红果，如珊瑚豆子，累垂可爱。一地残花躺在地上，嫣红尚未褪去。有一种奇怪的草本植物，枝枝杈杈，叶少枝细，每根枝子上顶着一粒紫红色的桑葚。我疑惑桑葚何时有了变种，返木还草，捏了一捏，坚硬糙手，才知错认，徒具其形。

我坐下休息，猛抬头一阵惊喜，远处一枝柔条上几朵铃铛样的小花整齐排列，泛着紫色，娇弱可爱，回首低眉，且看这好一个美女，怎么生在这样寂寞的山间，自开自灭。满山水声盖不过她遗世独立的风神仪态，侧耳听去，分明有细碎的叮叮声穿空而来。我在花前流连，不忍相离，狠狠心也让我变成一朵花吧，在山中享受无人打扰的孤寂。

第二日侵晨即起，我背包带水，奔驼梁而去，出门四望，清寒无边，虽当晚夏，却是秋来光景。山区高寒，端的是真。莫说一人，半个影子也无，淡季就是这般清雅。阳光如金，碧空如洗，白云如絮，慢慢飘移。一路水声相伴，急流湍奔，如箭似矢，漱石而前。美人铃不时出现，让人爱而生羡，伸出去的手又恋恋缩回。我不是它，它不是我，我不是皇上，它不是任我宠幸的妃子；我不是花，它不是人，平生缘尽于我观它，它却对我置之不理，天下竟有如此伤心之事。

迂回萦转，两个山民挎背篓而来，一个山民热情招呼："游驼梁啊？"我说："啊，是啊。你那背篓里装的是什么？""蘑菇，山上采的。"望望两千米的高峰，我有点难以置信。我知道饭馆里的菜为什么那么贵了。还有一个，拿着长长的铁钎东捅西穿，扎那些丢弃的香肠衣和易拉罐——这能卖几个钱！这几个人都很害羞，和我说话的时候低着头，说完话更是迈开长腿一会儿就跑没了人影。路上又剩了我自己。

三个半小时后，我回到旅舍，腿抖得厉害。我想家了。

午睡起来，我又出去闲逛，和一个石匠扯了一个小时。

他在一九九二年凿石被四溅的碎石坏了眼睛，一只成了玻璃花，为看病花了一万多块钱，老板才给了两千，那时也不知道有维权这回事。他好几年没有干过活，家境贫寒，大孩子想上高中家里供不起，受了刺激，小孩子眼看升初中了，又得使劲花钱。凿石辛苦，一天三十五块，碎石和火星乱溅，他不以为意。

这里靠天吃饭，民生艰难。常种菜是豆角、大白萝卜和白菜，茄子和西红柿吃头一茬，然后就冻死了。用土豆换玉米，用玉米换麦子和白面。喂一口猪，过年杀了，煮熟腌起，等闲不吃，来客才动。来旅游的人住农家院，吃农家饭，一天才十五块钱，拍一盘黄瓜上桌是不要钱的，而旅馆里要六块，凉拌金针菇要八块。当然农家大锅菜是没有肉的，就是土豆、豆角、豆腐一锅烩，巧的是都带一个豆字。他们极羡慕我们的联合收割机，收割、粉碎秸秆、脱粒，一上午，全齐！

这里的姑娘们都嫁到山下去了，小伙子上外地倒插门，只剩老人没有脾气，耗死在这里。

到第三日，我于八点出发，登五岳寨。过通岳峡，我从仰望瀑布挂前川到和它并肩齐眉，然后把它甩在身后。登观景台，有小吃部，我和主人攀谈，租金五个月一万二，一碗凉粉两块，一盘素炒山菇十块，一碗白米饭三块。我接着走，一路上游人稀少，路上相遇皆表示惊讶："就你一个人啊？"我说："啊，是啊。"然后他们就互相说："看人家！"

前半路抱着闲玩的心态，走哪里算哪里，拈花惹草，处处留情，身作闲云不计程，渐走渐高，渐走渐远，心里浮上一个目标，要去距离主峰不远的白桦林，那里林木参天，幽静美丽。为这一个目标走得我困乏疲惫，勉力支持，越往上走越没有石级，树根交错搭成脚手磴，而白桦林还没到，真远。

终于到了，五一时黄毛样的稀疏植被如今出落得厚实紧密，一山绿色的铜墙铁壁。面前的山坡上野花盛开，越往上面开得越茂盛和自在。一种小花不过米粒大小，弯腰细看，花萼花蕊花瓣十分精致。铃铛花还在娇弱地垂首低眉。

飘摇的花朵像柔软的情绪，啊，让我怎么不爱你。

坐下来，吃饭，要什么果品菜蔬铺将按酒，只将满山秀色，拿来佐餐。

前路还远，不肯再冒险，再不回去，马上就天黑了。走到这里，用去了五个半小时。

回头才知道什么叫上山容易下山难，手脚并用，战战兢兢。看着又高又陡的石级，纳闷儿自己怎么可以爬得上来，现在又怎么走得下去。腿是直的，挂着拐棍一步一步朝下迈，不知吃多少辛苦，才下得山来，整整一天，八个半小时，没办法不佩服自己。迎面一个大胡子山民走过来，说给你算一卦吧。我摇头拒绝，没力气给他解释。假如前生命定，算来何用，假如事在人为，我正在努力。

回房间，我让服务员上一壶热水，来一碗热面、一个野山菇，七点开饭，然后换了衣服躺回床上去。真累！

面上来，肉丝面，肉少到没有，青椒丝被我贪馋得拣吃了个干净，久违的家的感觉上来。家！想家了。想家里的热汤面、白米饭、软和的被子，穿着拖鞋乱串……

唉，该回家了，放逐完毕，反省完毕，以后不再拼命，留着一口气还来赶赴花与草的约会。

下一步就是敲着锣大叫：打道回府喽！锵锵锵……

★ **点 评**

　　日记也可以写得这般疏密有致摇曳生姿。作者在朴实的生活记录中，添加了两味调料：感受和情感。她写与和尚的交谈，写沉醉花前的内心感受："分明有细碎的叮叮声穿空而来。"此处通感用得极妙！一日一日的见闻在作者笔下铺陈开来：爬山、聊天、赏景、吃饭、想家……"敲着锣大叫：打道回府喽！锵锵锵……"在锣鼓声中，日记结束。

百里红尘不须归

作家心语：感谢红尘，锻炼出一颗八风吹不动的恒心。

来无锡，拜访一个和尚朋友。因偶然机缘相识，后来出一本与佛禅有关的书，请他写评荐语，此次顺路，前来拜谢。

净慧寺，很小的一个寺院。僧众不过七八人，殿宇吊角飞檐，庭院绿树森森。当日风好，檐前铁马叮叮当当响。

坐在接待室，和尚朋友正在做法事，法事结束，前来接见。初次见面，羞涩不肯多说话。有一搭无一搭间，唤吃午饭的云板已经当当地敲起来了。

来寺院进香做法事的居士和我们坐在一起，两三桌人，都是白米饭、红烧豆腐、青菜炒油面筋、清炒水芹菜、红烧土豆、蘑菇汤。江南米饭并不及我家乡的米好吃，少了一点油性；菜却是很香。水芹菜柔软无筋，入口生津，第一次吃，很喜欢。

下午朋友和僧众继续做法事，我和同来的女友在会客室闲坐，听着他们长一声短一声地唱起来了。唱些什么并不能晓得，可是混着铁马叮当的声响，后园的花又开得正好；阳光正艳，映着黄颜色的殿墙，歇山顶的屋檐一笔笔花纹如勾如描。

晚上留居寺院，僧人朋友把我安排在一个长年居此做义工的年长女居士房间。一时唤晚饭的云板响，人多已散去。进后厨帮端菜，一个人高马大的中年和尚扎着围裙，说："委屈你来我们这小庙。"以为是帮厨的，后来方知竟是当家大和尚——他亲自下厨做菜与我吃。

仍是白米饭、红烧豆腐、青辣椒丝炒豆干、青菜豆腐汤、红烧土豆、炒鸡蛋。红烧豆腐味浓味正，炒豆干辣得过瘾，土豆软面，鸡蛋醇香，青菜豆腐汤清淡适口。众和尚与我还有帮厨的女居士团团围坐，大家用极快的本地话交谈，我不能听，只能看。

和尚家个个腼腆，有两个极快地吃过饭，把碗一推就走；一个年老的僧人坐在我身边，不时把菜往我这里让一让，面目温和慈祥。

吃过饭，我帮忙收拾过碗筷，净手毕，暮色已经四合，风越发大而凉，却干净得如水一样。风吹树梢飒飒地响，铁马在头顶上叮叮当，叮叮当。步入后园，曲曲折折的小径花木葱茏，白天已经看过一遍，仍旧观之不足，爱之不厌。有茶花开放，地上一片红红的残瓣，十分春色已掩去七分也。行步间暮色越发深黑，头顶蓝天已渐不显，只一钩弯月与满怀凉风，真冷。

连日失眠，想不到在这个小小的寺院竟然十点多就困倦，倒头一觉睡到次日清晨，精神满满。吃过简单的早饭，朋友招呼我出门去也，参拜灵山大佛。同行的有帮厨烧饭的女居士和一老两少三个僧人。坐车又倒车，远远看看佛。

未去拜佛，和尚朋友先带我们去祥符寺。一行人于客堂屏息而坐，一会儿八十七岁的老方丈颤巍巍迈步走来。中国慈善大会，他是佛教界唯一的参加并发言者。我的和尚朋友赶紧五体投地，大礼参拜。老方丈坐在椅子上，面目祥和，容颜安静。我问他为什么做慈善，他不喘气地报了十几个数据：全国有多少万残疾儿童，有多少万失学儿童，有多少万人生活困难，有多少万人失明……然后说我们做的这一切不过是杯水车薪，可是却仍旧要去做。

坐不多久，他即被人请走，因为一笔慈善捐款需要他签字。他离开前我请朋友帮我照了一张照片，老人坐在那里，我站在旁边，双手合十。

后来听朋友说，老方丈已经患癌症两年。

灵山的大佛好高，天色湛蓝如碧，他矗在那里一手指天，一手指地。台阶好长，太阳好大。好容易走到跟前，好多人都去抱大佛的脚，他一根脚趾就半人多高。我没有抱，忘了；也没有拜，也忘了。此前见到的老和尚是真佛，我已经拜过。拜佛不为求取功名，只为束住心猿，心地清安。我心安了，佛也不会计较我对他拜还是不拜，他不是贪官。

无锡告别，第一晚无感觉，太累，睡死过去；第二晚突然心事洞明，无牵无挂，无欲无求。这种感觉真是好比背着千斤重的行李走路，一朝放下，全身三万六千个毛孔，无一个毛孔不畅快。一颗心以前是交托别人掌握，此时是收回来自己掌握，怪不得人说即心即佛。

拜佛真的是在拜心呵。

多少年云遮雾掩，此一刻好比一轮红日出九霄。此后又须红尘打滚，可是去打滚的是这一条身子，这颗心却是百里红尘不须归，也不肯归了。

点 评

这篇随笔看似是写访和尚朋友的行程，然叙事间似隐似现弹跳着作者的心路历程。净慧寺的午饭、晚饭以及夜游，无一笔描摹心境，却融于语言中，隐约可以触摸得到。及到祥符寺，拜见老方丈，参拜灵山大佛，隐于叙事中的感觉逐渐清晰，然后涌出来，直抒胸臆："一颗心以前是交托别人掌握，此时是收回来自己掌握，怪不得人说即心即佛。"这颗心自此清净了。

杨柳是春风的杨柳

作家心语：腾些空闲，去走走啊，不要辜负了江南风物好，春水城花，烟雨千家。

阳春三月，去昆山，会朋友。

喜欢那里的饭菜。

乌稔饭团。一种青色的糯米团子。乌稔是东南亚一种树叶，染糯米为青色，味清香。说阴历三月三日，是畲族特有的传统乌饭节。这一天畲族男女老幼起早上山摘乌稔树叶和乌稔果，煮水，把糯米泡在黑色的汤水里染色，捞起，放木甑里蒸熟。饭色蓝绿乌黑，油光香软。

以前老秦淮，河上有早船，船上卖乌饭，木梆"梆梆"地敲，两岸人家把钱放竹篮里，用绳系下去，船上人接钱，将荷叶包乌饭放进竹篮，人家将篮子再一点点吊上来。

乌饭，就是江南水上人家趁春未老时吃的饭啊。

又有青团子。麦草取汁，染糯米，揉进豆沙、五仁的馅子，团圆蒸熟，亦软糯清香。江南清明寒食常食。《淮南子》云："春分后十五日，斗指乙，则清明风至。"按《岁时百问》的说法："万物生长此时，皆清洁而明净。故谓之清明。"这是一个美好的季节。"问西楼禁烟何处好？绿野晴天道。马穿杨柳嘶，人倚秋千笑，探莺花总教春醉倒。"吃青团子，舌尖上吐出去一股清软的味，好像吃一首团团圆圆的小诗。

朋友带我拜访居住在老街里巷的一个老先生。窄窄的巷，灰瓦白的墙。出门即河，河两旁有香樟树，红红的新叶生发，老叶安身不牢，一阵风起，木叶哗哗落。我们中午就在临河一家土菜馆吃饭：老豆腐既韧又嫩，鱼肉蒸蛋鲜咸香滑，清炒嫩青蚕豆，一股清新的豆香。还有韭菜炒螺丝，红烧昂刺鱼。

昂刺鱼，书面语叫黄颡鱼，古人称其黄颊，元诗"一溪春水浮黄颊"就是讲它。汪曾祺老先生也喜欢这水乡美味，称之昂嗤鱼，在他的《虎头鲨、昂嗤鱼、砗螯、螺蛳、蚬子》里，他写："昂嗤鱼其实是很好吃的。昂嗤鱼通常也是余汤。虎头鲨是醋汤，昂嗤鱼不加醋，汤白如牛乳，是所谓'奶汤'。昂嗤鱼也极细嫩，鳃边的两块蒜瓣肉有大拇指大，堪称至味。"

这老先生会吃。这鱼也确实好吃，十几元钱一斤的昂刺鱼烧出来，都比北地近百元一斤的鲈鱼烧出来鲜嫩，味美。

还有一盘炒米线。你一定想不到是什么东西，不是白白的米线，是青菜。青嫩幼细，加蒜瓣炒出来，口感柔软缠绵。朋友说这是绿色的米线，还有一种红的，炒出来菜汁都红。我明白了，就是嫩苋菜。

一道道皆是江南人家老土菜，一丝丝浸润足了水乡风味。此次去拜访的当地名宿，也朴实，拿国务院津贴，出了二十几本书，拙于言而敏于行。他的小院小格木窗，绿藤掩映，院里有小小的水井，水井旁有小小的木桶，墙角青苔茵茵。

又去无锡，中午在寺院用饭：清炒水芹菜、炒青莴笋片、红烧豆腐、蘑菇汤、白米饭。最爱水芹菜的柔软，清香。吃罢饭，寺院有一个小小的后园，曲径通幽，林木葱茏，茶花开败了，落一地残红。去走了走，风很凉，远远传来檐前铁马"叮当"的响声。

回女友家，又吃到一味凉拌茼蒿。茼蒿我们亦是常吃，却是要炒，这里是糖醋凉拌，爽脆鲜甜。还有清水煮嫩豆苗，又一盆清水煮河虾，滋味鲜甜淡爽。

你看，就是这样。嫩蚕豆江南才有的吃，鱼虾也是江南原味新鲜捕捞的最好吃，乌饭团、青团子亦是江南春季爱物，炒米线、豌豆苗……哪一样都自带江南风情，好比杨柳趁春风。

我真是爱死了这里的河流，这里的花，这里的香樟和杨柳，这里干干净净的风。北地尚落雨落雪，柳芽不过米粒大，春风还没来得及刮，一场冻雨一下，青惨惨的无颜色。而这些鱼啊，树啊，花啊，都该当活在它们命里的风清日暖下。就好比人，总归要在对的时间、对的地点、对的场合，遇上对的人，才算幸运。

而一道道清甜淡爽、软糯柔情的食物，要想吃到，也一定要来江南。江南好比春风，它们好比杨柳。杨柳是春风的杨柳。

★ 点 评

读罢本文，齿颊留香，仿佛文字亦能果腹一般，色香味俱全。"蓝绿乌黑"的乌饭，绿色的米线，红色的苋菜，这是色；"吃青团子，舌尖上吐出去一股清软的味"，青蚕豆的豆香、水芹菜的清香，这是香；乌饭油光香软，"老豆腐既韧又嫩"，"鱼肉蒸蛋鲜咸香滑"，凉拌茼蒿、清水煮河虾"鲜甜"，这是味。调动视觉、嗅觉、味觉，从多角度感受到的世界才是立体的，表达出来的文字才有质感。

五日五城

作家心语：温柔的黑土地，好吃的饭食哟，好听的话。有时间的话，去走一走，看一看吧，眼界开了，心胸就开了。

去了趟东北。从牡丹江到佳木斯，从佳木斯到小城延寿，从延寿到哈尔滨，绕了黑龙江一个大圈。

一路上都在惊叹，为东北的黑土地而惊叹。

眼前的视野这么大，这么宽，这么广阔，这么连绵！

有山，没有险峻的山，圆润如同美人香肩。大片大片的田延伸到天边。嫩绿的是稻田，深绿的是玉米田，丰荣干净，上有蓝天白云。黑土地像软和的棉布，江南是闪着微光的丝绸。我的家乡呢？土地是一块块的绸缎湾角。

牡丹江空气清新；佳木斯是一种老旧的大，一派老大哥的风范，街道长得一眼望不到边；哈尔滨是奢侈豪华的大，总让我有个错觉身在上海。哈尔滨的太阳岛多水，多树，鱼追着观鱼的人要食，小金钱龟四爪齐收，在水面漂漂荡荡。路上对圣·索菲亚教堂瞄了半眼，绿顶，像洋葱；七台河这个城市比较起来最宜居，方方正正，干干净净，新新鲜鲜，伶伶俐俐，是个利落精致的美人；延寿是个老县城，半个小时我转了两圈，脚不酸，腿不疼。

在延寿街头发现玉米是用烤的，糯米糕是用卷的——薄薄的糯米糕裹上豆粉，卷啊卷啊卷，当地人就叫它"卷子"，一个就饱，半天不饿。

每到一地，必吃油豆角。长着芸豆角的模样，却是皮薄肉嫩，又经煮耐熬，与肉同烧，绵软味厚。还有一种叫金钩豆角的，当地人又叫小挤豆儿，因为一挤豆儿就出来了，又软又糯，也好吃得很。

这里的五彩拉皮里的拉皮是黑色的，还吃过"三烀一焖"：一个大大的盘子，上面堆放着熟倭瓜、黏玉米、纵剖蒸熟的土豆、焖熟的长条小茄子，旁边配一碗味道极浓的鸡蛋酱。吃的时候，把茄子夹到面前的食盘里，用筷子纵剖到底，把土豆夹碎放进去，把倭瓜夹碎放进去，再放入蒸好的鸡蛋酱，茄子清香滑软，土豆又沙又面，倭瓜软甜，酱咸香味浓，裹在一起往嘴里送，这种吃法真是新鲜。

还有玉米面的酸菜馅蒸饺。玉米面是水磨的，就是将碎碴子泡水，然后磨成面，可以蒸糕，蒸饺，做面条，还可以做"碴子"。这里的"碴"就不是那"碎碴子"的"碴"了，前面的读二声，就是磨个半碎的玉米粒；后面的读三声，则是碎玉米粒泡上十天半月，然后磨成面，做法就像我们本地人吃的"河漏"：一个木质的压床，中间是个空空的圆筒，筒底戳的一个一个的洞眼，把面团放进去，然后抱住杠杆拼命压摁，一根一根的圆面条就出来了。"床子"——就是压面条的这个东西——是直接架在锅上的，锅里是烧得开着大花的水，面条进去，三滚即熟，味淡酸，捞出来过凉吃，可以拌醋蒜水，也可以热吃拌酱浇卤。还在当地吃了炒河虾和肉丝炒老蕨菜，其实蕨菜并不老，鲜鲜嫩嫩，本地人叫它"老蕨菜"，算是给自家产物的昵称。

在延寿的街头还看到两样稀罕物：水果，一种是"托盘儿"，一种是"姑娘儿"。

"托盘"的发音是这样的："TUO（阴平长声）PAN（轻声短促儿化音）"。它的模样就是一个个的微缩托盘，果蒂是盘托，果实不及指甲盖儿大小，颜色艳红透亮，滋味酸甜，后味略苦，只延寿山上有，吹弹必破，极难采摘。

"姑娘儿"的发音是这样的："姑娘儿（娘发三声，再带儿化音）"。外面包着荷包一样的四瓣薄皮儿，里面是指肚大的小圆黄果儿，好比小橘子，滋味纯甜，又叫"姑鸟儿"，都是谐音，真正叫什么，谁也说不准。

我来到世间，一半是在舞台上演一个微不可见的小角色，一半是坐在台下，观看一下这个我参演其中的过分庞大的人生。此东北一行，主要是看。看东北的风俗："上车饺子下车面"，出门的人要吃饺子，吃饱了好不想家；回家的人要吃面条，缠缠绵绵让你不想出门。

看东北的职业：东北有一种职业叫跑山，就是在山上到处跑，专摘蘑菇、木耳等山货来卖。

听东北的方言：方言里有个"溜光大道"，意思是大道清洁溜溜——我现在才知道小沈阳演的小品里的"溜光大道"是从哪儿来的了；要形容某个人嘴倔心善，爱得罪人，就说"噘嘴儿骡子卖个驴价钱"，因为骡子比驴个头大，也贵，噘起嘴来大概是像驴的模样，结果就给贱卖了。东北还有一个发音极有特色，叫"求"，读三声，就是取的意思，"你去求吧"，就是你去取吧，你去拿吧，你去领吧。第一次听见，他处不闻。

五天过五城，真正的打马观花看风景，一豹里只能窥得见半斑，却是这半斑里亦有风情无限。

> ★ **点 评**
>
> 本文先写五座城市给"我"的不同印象，再写必不可少的美食，家乡没有的水果，东北的风俗、职业、方言等。若只是如此，文章便少了意味。作者一句"我来到世间，一半是在舞台上演一个微不可见的小角色，一半是坐在台下，观看一下这个我参演其中的过分庞大的人生。"既过渡了前后文的内容，又不露声色地抒了情，和读者有了深层次的互动。

卧听荒村风吹雨

枯草，枯树，枯藤，荒山，荒石，荒村。

村里有人，有鸡，有狗。一个老头子，拎着两三个柴鸡蛋，亦步亦趋跟在一个蹒跚学步的小娃娃后边，胳膊像老母鸡一样夯开；两个人在推磨，青石板的大圆磨盘，曲里拐弯的木头磨杠，一前一后，推得咕隆咕隆响。磨上是黄黄的小米面，看得人眼馋。煮出粥来，热气腾腾，就一盘切成细丝的小咸菜，再用碧绿的香葱，炒一盘鲜黄嫩白的柴鸡蛋……远远传来一声鸡叫，同行的人猜是公鸡打鸣，我不以为然，哪有公鸡这样叫的："咯咯——嗒！咯——咯——嗒！"分明是母鸡下蛋。

奇怪的是，小村里鸡叫狗不咬，偶尔一只大黑狗从身旁经过，特意停下来对我们看看，眼神很柔和，没有凶光，像个心地纯良的老汉。哪像城里，贼盗蜂起，哪一条狗不是被驯养得青面獠牙的瘟神样？假如有可能，恨不得弄一条藏獒给看大门。

村里的建筑很奇怪，干打垒的房子，统统是大石块砌成，不勾泥，不溜缝。这里，那里，动不动就是一块碑，碑上动不动就是万历年间或者年代更远。村口一座更奇怪的东西叫清凉阁，的确像个阁的模样，但却很粗糙，很庞大，大石小石堆叠而成。

大约四百年前，一个大力士发下宏愿，要在有生之年，采集大小石块，在村口建成一个标志性的建筑——就是这清凉阁。这个人白天是个生意人，到处奔忙，晚上回到家里开始赶工，花了十六年的时间，终于建成了两层。所用石块小者如拳，大者重逾万斤，没有人知道他是怎样把它们一层层堆叠而上。不幸的是在挂第二层清凉阁东门的风动碑的时候，他不慎戳破手指，得了破伤风，壮志未酬身先死，长使英雄泪满襟。

这位壮士叫于喜春。

这里的山荒，树荒，人也荒，所过之处，十家倒有八家锁了门，门槛生锈，家人远徙。随手推开一家院门，典型的小小四合院，东西南北皆有房屋，正房里外两间，简陋干净，平平展展的花布炕单，七十八岁的老奶奶是唯一的女主人。她绝对不会骂我们，无论我们用普通话怎么说，她都只是眯眯地笑，一边"嗯，嗯"——原来她连普通话也听不懂。儿女远扬，剩下她孤身一人，火炉上坐锅，锅里煮着银丝挂面，案板上有刀，散堆着红椒青蒜。

正月刚出，年味不远，家家门上还贴有大红春联，城里对联沾染了太多的欲望，比如升官，比如发财，生意兴隆通四海，财源茂盛达三江。这里的对联却很雅正，清新，形制也新鲜。家家是木门，家家都有一个小小的深门洞，木门凹在里边，门楣上倒贴两个福字；两个门扇上各有一条对联，组成一对；两边门框上又各有一条对联，又组成一对。一个小小的门上，就这样贴满了热闹和喜庆，但这种喜庆是静的。门上一联："芳草春回依旧绿，梅花时到自然红。"横批："春色宜人。"门框一联："月明松下房栊静，日照云中鸡犬喧。"听听，这是春暖花开、日落月升的声音，这是松风梅绽、鸡鸣犬吠的声音。这样的声音没有升官发财的欲望，没有人为的热闹喧腾，生活在这样的世界里，哪里还有宁静不下来的心灵。

小院里有石磨，石磨旁有辘轳，辘轳上有绳，绳上有桶，桶下有井，井里有水，清可鉴影。屋里有旧时人穿的三寸金莲，红紫金线，刺绣玲珑。一直不知道三寸金莲是什么样子，只知道很小很小，却原来是这样尖尖巧巧，足尖似针，可怜那样的时代，可怜那个时代里可怜的女人。屋里居然还有三十年前我的祖辈父母一直在用，现在已经难觅影踪的提梁壶和我奶奶坐在院里纺线的纺车。一霎时我有些眼花，仿佛看见一个头发花白的老人，盘腿坐在蒲团上，一手摇转车轮，一只胳膊伸得长长的，抻出一条细细白白的棉线，嗡……嗡……

一时间有些眩晕，不知道身处何地，我是何人。明知道这是井陉县的于家石头村，传说明代于谦避难藏身于此，后人一直繁衍至今。此地有石屋千间，石街千米，石井千眼，全村六街七巷十八胡同，纵横交错，每条街道均以乱石铺成。石头瓦房，石头窑洞，石头平房，依高就底，顺势而建；邻里相接，唇齿相依，呼应顾盼。点缀其间的有深宅大院、古庙楼阁，遍布全村的有花草树木，春绿夏艳。 这些我都不管，只希望有一天，心愿了却，再无遗憾，到这样一个安安静静的小村庄，赁一处清清净净的四合院，敲冰烹茗，扫雪待客，无人时吟啸由我，心静处僵卧荒村，听风听雨过清明，到最后野草闲花中眠去，也算不枉了此生。

★ 点 评

作者写井陉县于家石头村，扣住了一个"荒"字，一个"静"字。这个年代，年轻人外出打工，留下了一片荒败，却也留下了一村的清净雅致，作者着意刻画的对联可见一斑。"小院里有石磨，石磨旁有辘轳，辘轳上有绳，绳上有桶，桶下有井，井里有水，清可鉴影。"顶真用得妙不妙？恍惚间，纺车的"嗡嗡——"声响起，以声衬静，静谧安然如水，浸润开来，直入人心底，令人向往之情顿生。

一日看尽洛阳花

作家心语：牡丹富贵真国色，不同的牡丹也有不同的性情。我们与花海融为一体的时候，若映照出自己的内心世界，才不失为更高的鉴赏。

去洛阳，看牡丹。

来接车的司机在他的座椅旁斜插了一枝牡丹花，感觉很震撼，别处看不见。

然后我把行李安置好，走出客房，好奇地研究摆放在走廊的一盆牡丹花，左看看右看看。一客人从旁经过，指点我："勿看啦，假的喽。"我伸手摸摸，叶片是软的，花瓣是茸的，试着掐一下，把一小片叶子掐下来了，我拈给他看，宣布自己的发现："喏，是真花。"

旁边保洁员经过，彬彬有礼地说："我们酒店摆放的全部都是真花，这是我们这里最普通、最常见的洛阳红。"我看着它，绿蓬蓬的叶，紫红红的花，百层千层的瓣，这样的花，原来，是最常见、最普通的吗？

及至到了国花园，才发现是真的很普通啊。

偌大的，一眼望不到边的，红的花海，黄的花海，白的花海，橙的花海，绿的花海，蓝的花海，紫的花海。以前读话本，晓得牡丹里有魏紫，有姚黄，一心寻访，却是花深不知处，兜兜转转，扑鼻只闻牡丹香。叠瓣重楼的花居多，居然也有单瓣的，也敢把花瓣张得那么大。

爱那黄花，只是蕊处有黄，花片则远看有一抹黄晕，近看又若白缎，这样的黄含蓄，不嚣张。也爱那紫花，淡紫深紫的花片，娇黄如黄雏鸟喙一样的蕊。也爱那豆绿的花，花片淡绿，嫩蕊娇黄。

到此方知李白真国手，"一枝红艳露凝香"多贴切。"红艳"，最俗的一个词，却无它无以形容牡丹的国色天姿。牡丹花地潮湿，虽是阳光强烈，叶片及花片上却仍旧露珠凝聚，且远远行来，一阵扑鼻甜香。"红"也有了，"艳"也有了，"露"也有了，"香"也有了，真的是"凝"上去的，我若是唐明皇，也要为贵妃心醉，为牡丹心折，果然名花倾国两相欢啊。

唐有王睿作《牡丹》诗："牡丹妖艳乱人心，一国如狂不惜金。曷若东园桃与李，果成无语自成阴。"他骂牡丹妖艳惑乱人心，招得举国如狂，其实牡丹只管漂亮自己的，又与世人何干，与人心何干。檐头旗动，既不是风动，也不是帆动，是你人心自动，又与牡丹何干。

丰子恺自言不喜花，在旧书里见到"紫薇""红杏""芍药""牡丹"等美丽的名称，亲见却往往失望，因无非"少见而名贵些，实在也没有甚么特别可爱的地方"。我一向亦是如此，总觉得真花倒不如臆想来的花活色生香，偏偏这次看见满坑满谷的大牡丹，这样的花，的确是怎样的形容都不够，怎样的描摹都不能尽然——真花竟然漂亮得像假花一样。

以前看人家裙幅上绣的，壁上画的，绢纸扎的牡丹花，只觉庸脂俗粉一般的艳，想着世上怎么会真的有这样的花呢，及至真见，才发现真有，万花如绣，倒不如说万绣如花。

终于来到姚黄与魏紫的所在，却是姚黄如此，魏紫如此，不禁失望——花盘不大，花瓣不艳，植株亦少，东开一两朵，西开一两朵。可是很奇怪，周围朵朵牡丹朵大花鲜，游人如织争相探看，它们只是静静开在这个万花园里面，却愈看愈让人不敢轻慢。

因为它们开得静。顾恺之说画手挥五弦易，画目送归鸿难，也因前者是动，后者是静。人亦如花花亦如人，心动易，心静难。

深山古寺斜阳，一僧独卧眠床，那种静不算真的静，若是所有美女都在争奇斗艳，描眉画鬓，施脂抹红，却有那么一位两位，朴衣素颜，静立在灯火阑珊处，仿似身边的繁华热闹统统与我无干，这样的静，才是真的。

这，大概就是姚黄、魏紫有资格称为花王、花后的原因。

午后去白马寺看牡丹，这个感觉越发得到印证。

白马寺里的牡丹也多，却是原生，不曾嫁接，安本固生，是以开得并不夸张，人潮汹涌，它们却自顾自地静静开，静静谢，树下一片凋谢的花片，厚厚一层。姚黄与魏紫在这里也开得更静，更舒展，更从容。飘逸的紫罗兰和种种异色的郁金香，放在别处亮眼动心，在此处却只宜陪衬。佛祖拈花微笑，未必只肯拈一朵静莲。世间诸花，岂非皆有佛性。

行程结束，心满意足，一日看尽了洛阳花。

点 评

《一日看尽洛阳花》文题如此，令读者先入为主地以为作者必是要浓墨重彩地精雕细画牡丹浓艳雍容之美。文章前几段也确实如此，读到后来，忽然，不知不觉间，繁华远去，渐远渐模糊，竟成为背景。烘托中"朴衣素颜，静立在灯火阑珊处"的姚黄和魏紫，一切喧嚣繁华热闹只是喧嚣繁华热闹，只有遗世独立的安静，具备震撼人心的力量。

等春

看舞狮。

舞得好。

比李连杰演的《狮王争霸》里的狮子的行头还鲜亮，奶黄奶黄的。一看就是小狮子，两只，把眼睫毛眨得咔嗒咔嗒响。

一只小狮子旁边还跟着一只大狮子，公母不分，宽嘴大腮，站在那里不动，苦了扮演狮子屁股的那个人。

两只小狮在跑场，这只从东门进，那只从西门进，手机相机对着它们纷纷咔嚓咔嚓照相，它们就对着照相的人抛媚眼，我也照，它也对我抛，抛得人家不好意思。

跑完场，就有一个舞狮的人一串翻天筋斗从场里打出来，然后丢出一个彩球，就有一只狮宝跃跃欲试，围着它左跳右跳，伸出嘴左叼右叼。叼不起来，下场；另一只奶狮上场，两只大狮子就在旁边看，大嘴巴不自觉地一张一合。这只下场的奶狮就好奇地伸着头去看——真的伸头，扮演狮屁股的那个小伙子，都撩开狮帔，把脑袋露出来啦。

好玩吧。

后面的成年人舞狮没怎么来得及看，就被两个戴两把头、穿花盆底、着清旗袍的宫女吸引到了一边。一个宫女还戴着眼镜。

皇上要来了。

大家呼啦啦围上去看，有人清场："让开让开，皇上要打这儿过。"

皇上的卤簿銮仪也看到了，隐隐约约，在东方。西边有个官，穿补服、戴红顶子、围朝珠，深蓝服饰，没看清楚胸前的补子是鸟是兽，估计应当是鸟，因为是真定知府，文官，在等着恭迎圣驾。

不光圣驾光降，还有皇后。长得真漂亮，团白的脸，细细的眉，稍稍有点吊眼梢，陪着皇上走过来，一点声色也不见动，一副不食人间烟火的高傲样，真有娘娘范儿。

知府接驾、行礼、叩头、颂圣，具体来讲，就是正冠、掸靴、捋下马蹄袖，左右啪啪一甩，望地上一跪："参见圣上。"这两下子和电视剧里的差不了八钱一两。

皇上倒是一般，也是团白的脸，说正定乃龙凤呈祥之地，今寡人特来上香，为正定祈福，为天下祈福。

这时候，一个太监就把拂尘一甩，躬身出来："列位听着，今圣人大驾光临，特赐'敕建隆兴寺匾额'，谢主隆恩哪！"

这个太监，太像太监了！

读《宫女谈往录》，里面写到老太监怎么伺候慈禧："一个老太监领着个小太监，小太监担着两只鹦鹉蹒跚地走来。他们像钟表一样，到什么时辰干什么活，一丝也不乱。……老太监穿着臃肿的裤子缓慢地走着。他们脑子里都有一个表，不管多慢但特别准，当的差事要准时做到。他们由东边台阶上来，须要走多少步，办完差事由西边台阶下去，须要走多少步，差不多心里都有数。他们就这样面带微笑，向前躬着身子，有条不紊地伺候着老太后。"

这个太监，和我脑子里勾画出来的伺候慈禧老太后的太监，完全重叠。沉静、躬身，透着一股子谦卑劲。中午吃饭的时候，我还和朋友们称颂，结果他们说："喏，太监在这里呢！"东道主——文保所的安副科长站起来谦逊地一拱手，说："见笑，见笑。"我激动极了："偶像，签个名儿吧！"

正定的庙会就这么开始了，请的是沧州的舞狮队，《皇帝赐福》的所有演员全是正定文保所的工作人员扮演的，包括带刀侍卫、宫女，好几十个。侍卫们杀气腾腾的，香客游人随着皇上的仪仗进大佛寺，皇上登上最中心的高台发表演说，带刀侍卫们分列阶下两旁，游客们明知道是假的，竟然没有一个人敢从甬路中间走过。我也不敢。

演讲结束，皇帝赐福，皇帝、皇后和知府从盘子里拿起大红的中国结到处抛，眼看着只剩下最后一个，我还没抢着，冲着知府喊："这儿，这儿。"知府扭头看看，也不抛了，把它直接递给我，我拎着它冲女儿炫耀："看，我给你抢了一个福气包！"

抢到的游客心满意足，没抢到的纷纷喊"皇上不要动，皇上不要动"，然后纷纷跑去跟他们合影。我也跑去把老母亲推到皇帝和皇后的中间，给她照了一张相。

然后，我就放她和女儿在大佛寺里看金装的佛，还有石碑、老槐、层层叠叠的红灯笼，我和文保所、作协的朋友们，一起跑去看别的地方的正定大庙会了。

天宁寺里挂着一张张的谜条儿，猜对一张领一个纪念品。我们一群人呼啦过去，一边看一边随口说答案，工作人员说："你们是来踢馆的吧？别撕纸条啊，都撕光了别人就没的玩了。"于是我们去转塔，顺时针，转一圈一帆风顺，转两圈两心相印，转三圈……总之转得越多越好。出门的时候一人撕了一张纸条，拎过去领奖，我撕的是"眼看田里长出草"，谜底是"瞄"，领的是一个天宁寺的小纪念章，同行的朋友发愁不知道往哪儿别好，我想起"文革"时纪念章的另类别法，说："你干脆别到肉上吧。"

开元寺有贵妃游园，人太少，妆太简，演员也放不开，需要多练练。寺里有砖塔，有钟楼，有大巅厨——我顶着"盛唐符号"的名头，肉重身沉，往它嘴旁边一站，就像它叼的一根豆芽菜。

也有红灯笼，也有游人。红杏枝头，春意有点太闹。一个人乱走，竟看见石栏下有一池塘，塘内有残冰，一丛丛的芦苇，干枯、荒芜。一时有些太痴，原来你也在这里啊。

此后是广惠寺，华塔真像一朵花。南城门，上面有大鼓，朋友抡圆了膀子把鼓皮敲得咚咚响。

今年冬长，"五九六九，抬头看柳"，可是柳上没有一点嫩色；"七九河开"，河也未开，厚厚一层冰，可过行人；"八九燕来"不用想；"九九加一九，耕牛遍地走"，更是遥远得好像一场不肯来的好梦。

荒凉好长。

如今却在热热闹闹的庙会和挤挤挨挨的游人上，在吹糖人和卖佛珠的小摊上，在世俗的人间烟火和一声声隐隐约约的佛乐上，就像鼓声咚咚响起，只觉得很快、很快，就会芦苇泛青、波平似镜、红花嫩柳、燕语声声。

所以，不要焦虑，请耐心，等。

点 评

这篇随笔题目是《等春》，可是一开篇跟题目没有任何关系，作者慢条斯理地为读者刻画舞狮子，《皇帝赐福》表演里的皇后、皇上和太监，天宁寺猜谜砖塔，开元寺看贵妃游园，洋洋洒洒写到这里，还没有提到等春，就在读者如坠雾中，有些茫然之时，忽然"石栏下有一池塘，塘内有残冰，一丛丛的芦苇，干枯、荒芜。一时有些太痴，原来你也在这里啊"！冬天来了，春天还会远吗？原来热闹的庙会是以冬的萧索为背景，翘首期盼的前方是红花嫩柳的艳阳春。"等"的感觉油然而出，令读者一时惘然，一会儿又心生向往。

吃在承德

作家心语：地域不同，吃文化也就各异，潜心其中，品味多多，乐趣多多。

开笔会，去承德。

那个地方蘑菇多、山野菜多、杏仁多。

十个菜里，有八个菜有各种各样的蘑，榛蘑、白蘑、鸡腿蘑、香菇、肉菇、茶树菇。大多是干货泡发，然后热炒，吃起来滑溜溜的，在喉咙口打个转就下去了，跟社会上那些个混出名目来的滑头似的。奇特的是菜里的熟蒜也多，整瓣下锅，跟一粒粒的小白饺子似的，挟起一个来嚼，肉头厚，香香的，远胜蒜蓉和蒜末。

除此外，就是山野菜多。干豆角炒肉啦，凉拌蕨菜啦，蕨根粉拌黄瓜丝儿啦。我们还吃了一道凉拌扫帚苗，有嚼头，微甜，看着茸茸的，吃起来倒不觉得。这在我老家通常是焯熟，切碎，拌白面，上屉蒸，拌香油烂蒜，更富口感。而且扫帚苗还能摊饼用：扫帚苗用心洗净，切碎备用。麦面和鸡蛋拌成糊，细细地切些葱花入内，加盐、五香粉、辣椒面、扫帚苗，将锅加热，面糊拌匀，倒入摊开，翻面，烤熟，蘸姜醋汁，也是一美。还有朋友说他吃过扫帚苗的包子，我觉得比较奇怪，那得搁多多的油，才能新鲜肥美吧。

吃早餐时有一道凉拌酸辣芥菜丝，芥菜本来就是辣的，但是糟过之后，辣味仅余些许，淡淡的酸味出来了，是我在家乡也暌违已久的味道。以前每到夏季，我娘就会糟黄菜给我们吃，把萝卜缨子、芥菜疙瘩丝、小白菜叶子，用清水泡在盆里过两天两夜，就会糟出酸味来，然后炎天暑日，从农田回来，连菜带水舀上一碗，咕噜噜一喝，十分醒目提神。若到饭时，可把黄菜捞出，搁尖红辣椒一炒，便是极为下饭的小菜。如今我娘已老，这菜没人肯给我再做，所以这天早晨我吃过之后不够，又夹了半盘子，也吃掉了。

这里的杏仁用得真奢侈，跟不要钱一样。凉拌杏仁，那就真的拿杏仁在凉拌，并不像在我们家乡，杏仁堪当味精，嫩绿的菜苗里撒两星两点的白即可。有两个朋友自江苏昆山来，各带几个小孩，给他们一人点了一筒杏仁露，其中一个小屁孩喝了一口，噗——喷了，然后说："真难喝！"可怜我正抱着罐子喝得津津有味呢。我说那你们喝什么呀？朋友说，我们那边都喝椰奶。我不言语了，说是物资大丰盛，南北一家亲，我们这边超市，可真没卖椰奶的。

我的行程其实是分两半的，前一半会文友，后一半会朋友。文友里有个陈志宏，是江西老表，我问他这儿的菜吃得惯吗？他说我吃米饭吃两碗，菜却吃得少，因为不够辣。他说这话的时候，我正辣得卷着舌头吸凉气呢。所以说"江西人不怕辣，湖南人辣不怕，四川人怕不辣"的说法是对的，都那么红的辣椒了！后来，我提前结束笔会，跑去和江苏昆山的朋友相会，那几个朋友哦，一上来第一件事就是要求：不要辣！瞧瞧。同样是舌头，差别怎么这么大呢？

承德和我的家乡同属河北地界，口味接近，香厚味重，滋味醇浓，做个娃娃菜都是勾芡淋明油的，我的昆山朋友吃不了，要点上汤娃娃菜，清亮的汤、嫩黄的叶、脆甜的梗，虽然淡些，滋味倒也是蛮好。她们还特地点了一份茴香鸡蛋馅的素饺子，说在昆山那边，茴香，听好了，是茴香，而不是茴香籽，是做香料用的，做菜、做汤的时候，掐两片叶子放里边就好了，不像我们这边，居然要拿来大大的馅子包饺子，而且还可以蒸大馅包子，真豪放。

到最后，开笔会的朋友走了，江苏昆山的朋友也开拔，就剩下我游大街，然后看见一个跟磨盘似的大铁圆盘子，一按开关它就咕隆咕隆地转，有人拿一个白铁皮的大水舀子，舀多半瓢的杂面汁，倒在铁盘子上面，然后拿一根顶端有横档的长筷子推着面汁转啊转的，一大张的面饼就烙出来了，薄薄脆脆，跟火烤过的纸似的，旁边一人接过，抹酱，放葱花，油饼辘辘辘辘一卷，就可以拿着边走边吃了——山东大煎饼么。跟我们正定的一辆小推车推一个小火炉子，火炉子上架一个小圆铁鏊子，然后手动摊出来的天津煎饼馃子，形制上是类似的，做法上略有不同，口味可就差大发了。这个更干，更香，更耐嚼，也跟吃裹了调料的纸似的。另外，我还发现锅盔就是油煎的菜盒子，手抓饼就是刚出锅的烙饼撒上黑芝麻，拿在手里撕着吃，热香热香的。

吃饱喝足，回家上路，承德之行，圆满结束。

★★★ **点　评**

　　这篇随笔给人印象最深的就是非常形象地写出了几种美食的做法：凉拌扫帚苗、扫帚苗摊饼，"将锅加热，面糊拌匀，倒入摊开，翻面，烤熟，蘸姜醋汁"，这几个动词多贴切！还有山东大煎饼的做法，先介绍器具：大铁盘、大水舀子，顶端有横档的长筷子；再说食材：杂面汁；还有做法：倒面汁，推着面汁转。煎饼的样子跟烤过的纸似的，煎饼的吃法："抹酱，放葱花，油饼辘辘辘辘一卷"。瞧瞧，多形象！同学们，你可以写出如此形象的文字吗？

水瓶里的牡丹花

作家心语：历尽千年繁华尽，也须凋零化为尘。天生万物皆是如此，人亦如此。

晴日风暖，赏牡丹。大佛寺的牡丹开得好。

不是长假，没有游人，楼阁钩心斗角，佛像妙相庄严。牡丹长在后园。世上人家建筑不可只有前堂，没有后院。前堂端俨尚敬，后院风光无限，所以杜丽娘才会游园惊梦，唱"良辰美景奈何天，赏心乐事谁家院"。

这里的后园果然也是天上人间。

牡丹开得好，开得高。走进牡丹林像走在森林里的感觉，钻出来，一身黑衣沾满金黄的花粉，像蜜蜂。牡丹多叶少花，紫红的花瓣，繁复到让人敬重，好像古代女人裙袄鞋面袖帕上精致无两的绣花，透着人世安闲繁华。

再往前才真正看到牡丹丛，矮蓬蓬的叶，海碗大的花，浅紫淡粉、莹白绛红。花很香，不是兰花的香，也不是梅花荷花的香，是那种甜到呛喉咙的香，"一枝红艳露凝香"的香，"回眸一笑百媚生，六宫粉黛无颜色"的香。

一步步走，一朵朵看，真漂亮，真漂亮。

同行的朋友已经走远，我还在步步流连，因为生怕自此一别，再来已是明年。而到了明年，再开出来的花，也已经不是这一朵、这一瓣。再见不是再见，此别即是永别。

谁想第二天我又来了呢？我带着母亲和小女，来看大佛寺里演的《千手观音》。漂漂亮亮的女孩子们穿着明黄尊贵、宽腿瘦腰的衣裳，摆出观音的姿势，就那样行云流水一样的身姿一会儿一换，一会儿一换。

一时想远。孙悟空造反，对佛祖说皇帝轮流做，明年到我家，让玉帝老儿搬出去，我要住他的天宫。佛祖说你这猴儿说话不知轻重，玉皇大帝自幼修持，苦历过一千七百五十劫。每劫该十二万九千六百年，方能享受此无极大道。当时读书，读到这个"劫"字，不痛不痒，如今人世历遍，人情冷暖，再回头想这个"劫"字，方晓得他不知道经历了什么样的伤痛。或许残缺，或许失怙，或许受辱，或许被骗，或许遭打，或许入监，或许砍头，或许戍边，或许受屈含冤，一时急痛怒恨，恨不能把天咬个窟窿，就这样一世世脚踩火炭，头戴荆棘冠冕，熬啊熬，不知道什么时候才是出头那一天。这一刻真恨不得替他大哭一场。观音救苦救难，那必也是她历经了数不清的人间苦难，方才和世人有了通感。别看她此时美妙清欢，身上串串璎珞不是泪，是血。

有首老歌唱："啊，牡丹，百花丛中最鲜艳，啊，牡丹，众香国里最壮观。有人说你娇媚，娇媚的生命哪有这样丰满；有人说你富贵，哪知道你曾历尽贫寒。"真是，哪朵花开都不是凭空绽放，都是寒冷、寂寞、艰难苦恨打底绣出来的光华明艳。

而此时，它们还等在后园。

母亲老了，却也在花丛流连。女儿还小，也在花丛流连。我又来了，可是我所见的，已经不是昨日的牡丹。花还是那朵花，但是那朵花的昨日已经不在。一眼万年。

母亲掐了一枝花苞带回来，拿一个矿泉水瓶，满盛了清水，长长的花梗插进去，它就这样吸饱了水，一点，一点，绽开，朵大如碗，又香又甜。阳光不烈的时候，我把它放在窗台，阳光强烈时又移到床头，早起向它问安，次次夸它漂亮。猫的小鼻头凑上去嗅啊嗅，也爱闻它的香。

这是一个旅游的季节，朋友又相约去赵县柏林禅寺。去得早，游人少，进门处那棵像丫鬟的抓髻似的大树丫还在，还是挑着一串串的爬山虎叶，像一串串的绿珠钗。数年前与另一个朋友来过——如今那个朋友已经往生。那次也是春深，柏树茂盛，竹林也茂盛。却独有一丛枯竹，在一个很冷的角落，风一吹，窸窸窣窣地响。此次来访，它已不在。

寺院不大，片刻看完。要走了，却流连，檐前铁马轻轻的声音响起来。心里说再见，再见。

回到家，床头牡丹已凋谢，它自己落了花瓣，层层的艳红铺在水瓶四面。不忍扔，不忍埋。

世情纷繁，人生突变，再不愿意离开的地方也离开了，再不愿意让它开败的花也已凋残。花朵如佛法，没有什么是常驻不坏。人的生命，也不过是从花棵上被命运掐下来的一朵牡丹，插在尘世的水瓶里，该怎么开，就怎么开，该怎么谢，就怎么谢。

★ 点 评

　　一朵插在水瓶里的牡丹，竟也会令作者生出如许感慨。真是生活不是缺少美，而是缺少发现美的眼睛。第一次赏牡丹，难舍难分，怕的是一别即永别；第二次赏牡丹，联想到佛祖所谓之"劫"，怕是牡丹也是"香自苦寒来"的吧？接下来的柏林禅寺一游，数年前同游旧友和寺中一簇枯竹，都已不在，顿生惆怅。文章由牡丹想到生命，以物喻人，尘世便是那个插花的水瓶。

古槐之心

作家心语：一棵沐浴千百年光阴的古槐树是一面镜子，映照千年岁月、四季风尘。尘嚣起兮，我们静默不如它，淡然不过它。

正定是个古城。那是！春秋时期属鲜虞国，战国时期属中山国，汉高祖刘邦十一年改名为真定……一步步走到今天，能不古吗？

古城必有古树。树和人的关系是最亲密的。盛世丰年种树，荒歉年岁，树皮、树叶、树上开的花，都是能救命的，就是干枯的树枝，也能烘得一个冬天暖暖和和。

正定地处北方，树种以槐、榆、杨、柳居多。正定城里的古树，却是以古槐居多，大佛寺门前有，寺内亦有；通衢大道边有，幽径小巷亦有。

蛋圆的槐叶细细密密，春季发嫩青，被一片片阳光照得通透，好似翡翠贴片；及至晚春，又簪一头槐花，碎玉一样；及到盛夏，浓荫一片，筛得日光斑斑点点；秋风起，槐叶落满庭院街前，用扫帚一点一点扫过去，地上划拉出一条一条的灰线，秋便格外深，格外远。转眼便到冬天，树干曲虬，繁华尽褪，叶落枝纤。那样细细密密攒攒簇簇的枝子，一点一点勾画在蓝蓝的天做成的画板，无一笔是苟且，无一笔是敷衍，无一笔是横斜无度，无一笔是拘挛，就那样沉默、安静、淡然、舒展。我爱莫奈的画，莫奈的画却又不及中国淡色水墨画里的悠静、空远。它，就是一幅淡到极致、静到极致的水墨画啊。

若是雪霁初晴，画意更佳，极目西望是淡淡远山，眼前却是每一根枝子都裹上了银粉，日光映照，细细密密，攒攒簇簇，灼灼其华。

眼下时值盛夏，看着青青古槐，好像看见一条透明的光阴之河。

风云变幻，雷电交加，别的树都在不同的时段被不同的雷电劈得噼里啦啦，却只有它始终张着那样细密却巍巍的庞大树冠，沉沉稳稳地踞在或者是水塘前，或者是土丘前，或者是以前的县太爷的衙门前，或者是现在虽然不高但却贵气的官厦前。

时光如此荏苒。

它也曾年轻过，也是从幼苗长成得来。它看到过波光荡漾、鸥鹭飞翔，看到过几百年前的星光，看到过柴米油盐的凡俗人世，看到过连天蔽地的无情战火；看到过饥馑，看到过丰年，看到过希望，看到过绝望，看到过哭泣，看到过欢颜。它什么都看到了，一边看到，一边成长，数不清的歌哭封存在沉默的年轮里面。

友人去山西晋祠，盛赞那里的两棵古树，且发照片给我看，苍青色的树干，英挺而威严。那树虽老，却如宽刀，如重剑。我眼前古城里的老槐树却是老了，老得安静，老得慈祥，老得伛偻，却仍把满树的青青嫩槐叶，灌满它用生命拧出来的汁液，老得可入诗，可入画。

画里有诗，画里有梦，画里有老在光阴里的——古槐之心。

★✩ 点 评

最爱本文中写古槐四季的句子：初春发嫩青，晚春簪花，盛夏浓荫，秋风落叶，冬季虬枝，落雪后，映着日光灼灼其华。作者从现实中盛夏古槐，思绪飘远，想到古槐承载着光阴，承载着人世悲欢。这里的古槐便不再是现实中的那棵槐树，承载了作者赋予的象征意义。与晋祠里那两棵有名的古树相比，古槐那颗历经沧桑的心安静慈祥。世间万事万物皆可入文，只要它能和我们的某些情结产生共鸣。

四月槐花香

作家心语： 槐花不尽，民风民情自会延续，回忆畅想也就不会终结。小小槐花，搭成人和自然的桥梁。

春末夏初，青禾丰盛，十里野槐林花叶相间，有花大妈，有花Baby，就是有开败的，有没开的，还有开得正好的花姑娘。

行走，说话，脚下都是沙，想起过往。

三十年前的滹沱河像根绳，穿起一串村庄，村里多槐树，农历四月，明媚的阳光下，高大的槐树上结着一嘟噜一嘟噜粉嫩雪白的槐花，下边搭着戏台子。调皮的小孩子抱树攀枝，噌噌两下子就上去了，一把一把捋着吃。一边吃一边唱："槐树槐，槐树槐，槐树底下搭戏台。人家的姑娘都来到，我的姑娘还没来……"

每个村外都有一大片野槐林。林子大了，什么鸟儿都有，麻雀、花鹁鸪、长尾巴喜鹊……槐林还长草，像巨人脚上密密的汗毛，草地开满小黄花、小蓝花、小紫花、小红花。春捋槐花夏采叶，花儿人吃，叶儿羊吃；秋天叶枯枝落，一群群妇孺倾巢出动，擎帚背耙，扫啊，挠啊，耙啊，拢啊，一大包袱的黄叶子背回家磨糠做猪粮，枯枝儿撅巴撅巴烧锅做饭。槐林旁边有淡翠碧绿的河水溶溶脉脉，参差荇菜，左右流之，农妇大妈，洗衣捣衣。大棒槌、碱块子、粗布衣裳粗布被，洗净，抻平，晾在槐林脚面那一层绒毯一样的草上，待到晒干，背回家去，再顺手捋一兜子槐花回去。于是槐花就像擦胭抹粉的乡村美女，画着长长的琼瑶鼻，在农家的小饭桌上登台唱大戏。

槐花洗净，稍加面糊，用油煎黄，一个个油炸饼子样；有省俭的可改用烙，晾凉了吃，满院子都是香。古人要"餐秋菊之落英"，是因为它的清芬之气，让人有出尘之思。槐花是纯粹入世的东西，餐了槐花，一身的人间味。

也可以把槐花放开水里过一遍，再用油炒，倒进碟子里，像一盘纷纷的碎玉，能引人作诗；槐花还能蒸窝头、贴饼子，尤其用柴锅贴出的槐花饼子，口感好，甜丝丝，既香且脆。

还可做"苦累"，即如一个朋友所讲的"清蒸槐花"：槐花淘净，去水，放盐，拌上点儿面粉，锅里加水，水上架竹箅，竹箅上衬屉布，屉布上铺槐花。盖好锅盖，大火蒸熟。把蒸熟的槐花倒进菜盆，浇点儿麻油和辣椒油，筷子搅匀，就可以吃了——朋友是河南人，我们本地人蒸"苦累"，槐花面是不放盐的，且出锅后要像荞面"拍糕"一样，蘸蒜醋来食，那才有味。

好一个农四月，唇齿肠胃都是瓶，盛满槐花香。

今人吃槐花，古人还会吃槐叶。杜甫有《槐叶冷淘》诗："青青高槐叶，采掇付中厨。新面来近市，汁滓宛相俱……万里露寒殿，开冰清玉壶。君王纳凉晚，此味亦时须。"这种东西制法大致为：采青槐嫩叶捣汁，和面粉，做成细面条，煮熟后放入冰水中浸漂，其色鲜碧，捞起以熟油浇拌，放入井中或冰窖中冷藏，食用时再加佐料调味，就成为爽心适口的消暑佳食。《唐六典》记载："太官令夏供槐叶冷淘，凡朝会燕飨，九品以上并供其膳食。"庶人是没资格吃它的。

现如今槐林还在，槐花还在，鸟儿却不在了，地面枯草支离，偶有小黄花零星摇曳。旁边的滹沱河的沙在阳光下照得一片白花花，没有波光粼粼，万点碎金。

无水不秀啊。

当天我穿一件半袖，衣服上有暗暗的花。同行的朋友中有一位王老先生，有曹子建七步成诗之捷才，当众赋诗一首："国色谁人家，霓裳艳如霞。人道花衣美，怎若面如花。"喻人过誉，喻花正好，倒不妨做个顺水人情，赠给记忆中一嘟噜一串丰腴娇美的槐花。

也许不久的将来，便会一觉梦醒，春水荡漾，蜂飞蝶舞一片香。放眼四望，整个槐林便如着绣鞋、披翠裳。恰好同行的美女编辑绿衣如翠，容颜白皙，老先生仍是赋诗一首："翡翠何处寻，无须出国门。不见光华处，晶莹小玉人。"若是当得那时，美人如花，花如美人，花与人都是淡翠晶莹，同映碧水一汪，则真成了"照花前后镜，花面交相映"，美景无限，天上人间。

★ 点 评

　　作者的文字真心有魔力，写槐花的美，眼前便恍如出现花团锦簇；写槐花的香，鼻尖便缥缈起丝丝清香；写槐花的吃法，嘴巴便会不由自主地做出可爱的馋样儿。然，如只围于写槐花，便会少了一些厚重，作者的目光从槐花落到身旁脚下，这里是滹沱河，本该波光粼粼，现在却"脚下都是沙""无水不秀"。这个感慨一出，整篇文章的立意便深刻起来，只要读者到此一顿，凝然沉思其中深意，便够了。

第4辑

发黄的老照片

光阴如纸，脆旧发黄。曾经鲜活在面前的人，都步入记忆深处，好比青色的天光下，一个个渐渐没入深宵的背影。不怀念吗？不是的。可是回不去了。光阴已过，我们都回不去了。

小嫂子

作家心语： 小嫂子命如草芥，如今她那微薄而惨烈的青春也只剩下一张发黄的老照片。世上的可怜人何其多也。

村里过庙，搭台唱戏，戏台上来一小丑，鼻梁上抹块白，上台来找秋香。他的台词本应是："秋香在哪里？秋香在哪里？"然后幕后有人回答："秋香不在，秋香不在。"结果这个小丑上来就绕着乡间搭的简陋的戏台大叫："秋香不在！秋香不在！"转两圈，下去了，台下大笑。

这个小丑儿，就是我的堂兄。

这个堂兄，在家也是个宝贝老疙瘩，上面数姐，下面才添了他。他诸般武艺不成，我的伯伯大娘心疼他吃不了地里干活的苦，让他进了戏班学戏，结果就学成了个这。

他在本地找不到媳妇，看看快成光棍了，只好从人贩子手里买回来一个云南姑娘。这姑娘嫁给他时才十八岁，比我还小好多，所以我向来呼她为小嫂子，还是个孩子。

伯伯家家境贫寒，大娘脾气又烈，还保留着老一辈子的老规矩，要处处拿得住媳妇才行。这个十八岁的小姑娘，黎明即起，第一件事，到公婆屋里端尿盆出来倒掉，然后遵从古训，洒扫庭除，开始一天的生活。好在这孩子原来在老家过的日子也不轻松，所以还是受得了的。我现在还记得她的赞叹："哎呀，你们这里真好。上房看看，天线一个挨一个，家家有电视！"

家家有电视，不代表她家也有。

是的，没有电视，没有录音机，没有新房子，没有家具。

没有炒菜的油。

我见过她到我家来哭诉，说怎样用酱油炒菜吃，顺便跟我们家要一块猪油带回去。

那是20世纪90年代初，不用干别的，只凭双手，也饿不着。我的堂兄太懒了，既懒且馋而且好赌，还爱打老婆。伯伯和大娘也不肯放下威风来。小嫂子的娘家远在天边，无人撑腰，我娘屡屡叹息，说这孩子的日子真是难过。

次年她生了个儿子。

然后她把堂兄和我们本村一个寡妇给堵被窝里了。小嫂子站在那寡妇的炕前，脸色灰白，大叫一声堂兄的名字："闫金柱！"声如裂帛，然后返身就往回跑。我看过电视剧上女子受了挫折之后，双手掩面，且哭且跑，身段袅娜多姿，哭得也宛转悠扬。我那小嫂子可不会演戏，跟疯了似的，号叫着往家卷，一点都不好看。我堂兄知道大事不好，慌忙穿裤子，前后面都穿反了。及至赶到家里，媳妇早喝了农药。

事到如今，我才敢揣想当时小嫂子的心情。读过一篇文章，题目就是《回娘家》，说到乡间女子在婆家吃苦熬累，回娘家是一生的盼望和短暂的幸福间歇。我那小嫂子，自从被卖来，一次也不曾回去过。自家家里再穷，孩子再苦，做父母的都不肯亏待了骨肉。孩子成了别家的人，离山掉远，娘见不着女，女见不着娘，这十八岁，不对，过了年了，十九岁了，这十九岁的小孩子，没有见过爱是什么样子，没有摸过幸福的鼻子尖儿，所遇之处是苦是累是艰难和背叛，而且被背叛之后，连一根救命稻草都抓不到手里。这个没有文化的女子，不会哀怨，不会伤感，也不知道她在万箭穿心的时候想没想过娘，而本能的第一反应，就是用自己的生命来抵抗这巨石般轰隆隆砸下来的一切。

堂兄抱住她就往院外拖，想找人送医院，拖拽到院里，她死命地搂住了院里一棵椿树，不肯往前走。大娘上来掰不开她的手，就索性用牙咬，咬她也不松开，嘴里吐着白沫，只叫着一句话："好好待我的孩子！好好待我的孩子！"

其时，四个月大的孩子正裹在炕头上一床破棉被里睡得香，不知道他的十九岁的娘正徘徊在生死边缘，而且去意已决，对这个世界绝无留恋，明媚的阳光里只有他母亲的世界正在落入一片黑暗。

就这样。

是的，就这样。

半个小时的时间，抹平了一生的痕迹。还有人不断地出生，还有人不断地顺理成章地死亡，有人在觥筹交错，有人在轻歌曼舞，有人在恋爱，有人失恋了，一切都在不动声色地照常运转。小嫂子不是窦娥，老天爷不会为她下一个雪片，天青叶绿，一切都若无其事。

一只小虫子死掉了，还有刘亮程为它哀悼；一只猫咪死掉了，还有我为它唱一曲赞歌；小嫂子死去已有十年，我才敢回首一望，不为别的，实在是不敢在自己心里重复她那种绝望的疼痛。

小嫂子下葬那天娘家也没能来人，过后娘家娘来了，痛哭了一场。她听邻舍说孩子的装裹很好，单夹棉三层缎，发送很排场，请了吹鼓手，满意地叹息着又走了。

十年过去，孩子也大了，穿得破破烂烂的；堂兄流落到东北回不来了，连我的伯伯去世他都没能回来摔孝子盆。

时常读诗，却发现想从里面找一首能够切合小嫂子的境遇的非常之难，因为没有。古诗没有，现代诗也没有。

　　也是，当人人都活得华丽而忧郁的时候，我们的最微小的疼痛，都不在我们的感知之内。

★★★ **点　评**

　　文章从一个细节入笔，勾画出堂兄的不成器，小嫂子的悲剧命运渐次铺展开来，一步步铺垫至高潮。作者着意渲染了小嫂子死命搂住椿树的细节，那份赴死的决绝、对孩子的牵挂，令读者潸然泪下。

大舅

作家心语："种瓜得瓜，种豆得豆。"从他的身上，想必我们可以得到一点收获。

我的大舅是我母亲的长兄。提起他来，倒真不怎么亲近。

我这个舅舅人长得丑丑的，且矮，生下来是个兔唇，到老来，满脸皱纹蹙缩，兔唇外露，更见其丑陋。

这样丑的一个人，竟然老爱走桃花运。让人没办法不去相信命运。比如我这舅妈，原来就是别人的媳妇，后来和他好上，离开了原来的丈夫。这位舅妈人也是丑丑的，大手大脚，蒜头鼻子，脸上毛孔粗大发黑。但她和我舅养的女儿却很美丽。我对这个表姐的印象就是白白的，细眉细眼，眼睛很亮，脸蛋粉红。在那个小孩子多如牛毛的时代，我舅和我舅妈只结出这么一个果子，自然宝贝至极。大舅疼女儿是出了名的。他是瓦匠，在那个时候蛮吃香，家境过得也不错，表姐天天打扮得花朵朵一样背着书包上学去。大了，定了亲。如果不出意外，她是我舅唯一的希望。到老来，可以由这个心尖肉命根子奉养他，可以让他穿着干净的大襟衣裳，坐在小饭桌前，捏着猪蹄，端着小酒盅，听她喊爹，同时笑眯眯吱喽一口小酒……结果表姐得上肺结核，在那个遥远的发黄的岁月里那是个绝症，死的时候，才二十岁。有了病，表姐一声我想吃鸡，大舅二话不说，到院里逮住一只小公鸡，一手薅着，一手把脖子一拧——到吃饭的时候，我表姐就有了香香嫩嫩的鸡肉吃——她下葬的那天，我舅当场落了病根，口吐白沫，抽得厉害，神志不清，一个劲地叫我表姐的名字，叫我的房珍啊我的姑娘。这病一直跟了我大舅几十年，到老得走不动了，真正神志不清了，且也没有酒喝，才不再把这个早化了灰烟的女儿放在心上叨念。

有时我娘会私下里说，我那表姐的死是因为大舅认了太多干女儿的缘故，把自家亲生的福分给分完了。也是，每到过年，他的那么多干女儿都会来拜年，然后大盘小碗地吃吃喝喝，拿上封好的红礼包抬腿走人。孩子们走掉了，总会有一两个中年女人留下来——这，就是我大舅的情人了，甚至可称偏房。这个时候，我那大舅跟个老爷似的，前前后后受着簇拥。这些情人也都是普通的庄稼人，看起来粗粗笨笨的，很不符合我心目中情人优雅的标准。不知道大舅哪来这样大的魅力，让这些女人能够在日常的光景之下心生绮思，为他着上石榴裙。有一次，我还小，见他喝过酒之后轻吟："唉，人到老来百事哀啊啊啊！"还有一些其他的比较通俗的诗文。我想，这大概就是答案了。哪个女人不喜欢浪漫呢？哪个女人不爱浪漫的男人呢？被日常生活麻苦了的人们，也一样需要精神上的滋养。

不过，这个多情的男人，在亲情上倒没什么投入。

说起来，表姐的殁，除了她的父母心痛，就数给我娘的打击最大。姑侄两个，亲同母女。

我娘是个真正的苦命人。大舅、二舅和娘兄弟三个，早早没有了父母，只剩兄弟三人苦挣光景。后来，大舅和二舅相继成家，剩了十来岁的娘跟着他们。想要上学，结果表姐出生了。没奈何，我娘只好每天抱着这个几个月大的小女娃娃上学堂。到教室里，我娘把娃娃横着放进中间没有栏隔儿的桌斗里面。宝宝睡觉，她看书学习。一直到表姐长到好大，我母亲的老师见了还会问："这是那个钻桌斗的小姑娘吗？"

就是这样也没坚持多长时间，我娘最终仍旧辍学在家，帮干家务。这个小姑娘，一边带着自己的侄女，一边割猪草，锄地，间苗，修理棉花，打药，纳鞋底……胃病犯了，满房打滚，夏天的夜里，我的大舅和舅妈视而不见，听而不闻，卷卷铺盖下房接着睡觉去。只有我这二舅，背着妹妹，深一脚浅一脚往医院里奔。在我大舅眼里，骨肉亲情是没什么分量的。就是我们这些外甥男女，也不曾在他那里得着过什么样的好处。

到我表姐染病，我娘挚爱亲情，一口口喂饭喂水。怕饭咸怕水烫，先在自己嘴里尝一尝，含一含，再喂侄女嘴里。我娘后来说："你看，人家都说结核病传染，我天天和房珍一个碗里吃饭，一个缸子里喝水，也没传上我。"我心里说："娘啊，那是你侥幸，碰上了不会传染的传染病。不然，看你怎么躲得过去。"

一个个人谢幕，先是表姐，然后是我舅妈。老境颓唐里，只剩下这一个原来说话像刮风、走路带小跑的大舅，步履蹒跚，耳聋眼花，反应迟钝，凑合着过光景。情人们一个个在他的生活里消失掉了，只剩下硕果仅存的一个。这个隔了县的女人，一年总有三个月是住在我大舅家，帮扶家务，和我舅妈俨然一妻一妾。舅妈病重，这个二舅妈洗涮缝补，无不尽心。我大舅其时已经六十多岁，暮年光景，真不知道这个四十多岁的女人为了什么要对他这样的死心塌地。

我大舅的归宿问题越来越显得迫切了。

按规矩，孤家寡人的他需要把家产交与侄子承继，让侄子养老送终。偏偏老兄弟二人不和，我二舅在后来的岁月里也越来越历练得老成到市侩，不再把兄弟亲情略萦心上。老哥俩处得如同仇人。大舅会把家里的稻麦一棐精空，也不肯让二舅一家得了便宜。我二舅吃饭时只给他端过去一些残汤剩水，一碗凉汤，一个凉馍，且让他养着这一条死不了的烂命。

谁不想过好光景呢？清锅冷灶，形单影只，滋味很难受的。有一次他找了一个小学老师去，请她给他写一封信，是写给那位情人的，大意是：我在这里很受苦，你能不能来伺候我，或者，我去你们家也可以。再，我交给你的钱，你把它带来给我，我现在没钱看病，也吃不上饭……信写完，他跟那个小学老师要了二十块钱，然后满怀希望、颤巍巍离开。连寄三封，一直到我大舅去世，都如同泥牛入海，没有消息。看来所谓情人，大概也称为钱人。天下为情，不过如此。

什么希望都没有了的时候，我的大舅终于把自己的祖屋交给了我的表哥。表哥转手把这一处房子换了一块地基，盖起一院漂亮的房子，然后找了一间残破黑暗的小屋给大舅住。每天给他送饭去吃，都是由我表哥的两个孩子划拳，谁输了谁去送，放那里就走。屋里狭小阴暗，逼仄潮湿，霉味尿味直顶鼻子，无人打理。我的娘隔三岔五去照顾他几天，拆洗缝补，留下一点零用钱，再不放心地回来。家家有事情，谁会把一个孤寡老人放在心上呢。况且这人年轻时没有栽花，倒种了一路的蒺藜。

然后我就接了一个电话，报了大舅的丧信。寒冷的冬天，大舅死在自己冷得冰窖一样的小屋里。我娘说，到底还是亲的，大舅一直等到侄子赶来，才咽了这口气。我心里说了一声：嗤。

按照程序和惯例，扯白布，做孝衣，哭丧驾灵，摔孝子盆，孝子们嬉皮笑脸地送走了这个身无长物的老人。甚至我嫂子他们坐的灵车上，不但听不见哭声，笑得都十分的欢畅。我不必说别人，我也没怎么掉眼泪。

人人都如释重负，包括我。这个人终于死掉了。再也不必使人面对他的时候，有一分尴尬的自责。从今以后，人人都可以少操一份心。

比他重要得多的人物的死亡都没有任何意义，更何况这样一个把自己的一生过得乱七八糟的人不更如芥豆之微？

★★★
点 评

这是一篇记人的文章，作者写大舅的多情、大舅丧女、大舅对亲情的淡薄、大舅老来归宿之凄凉……娓娓道来中，看似平淡地插一句"况且这人年轻时没有栽花，倒种了一路的蒺藜"，令人深思，催人自省。

姨

作家心语：戏如人生，人生如戏，大千世界，纷纭复杂，每段人生都是唯一。所以，一定要对自己千叮万嘱，走好路。

带孩子逛商场，见着一个面色黄白的妇人，耳上大金坠子，手上大金戒子，脖子上大金链子。她见着我，招呼一声，我才反应过来：这是一个远房亲戚，按理应该叫姨。她年龄不大，曾是财政局会计，提前病退在家，这是拉着小孙女来散闷。

这个姨，也是个女强人，且家世曾经大富。早年间，她的祖父开着我们本城有名的恒茂号绸缎庄。父辈根本不用劳力，每天要从馆子里叫菜来吃。到了解放，受了颠簸，家业零落，好在子孙都有出息。这姨家弟兄几个，或在外地为官，或是本城名医。她的丈夫是一个行政单位的头领，她在单位也是举足轻重的人物，到处受着人尊敬。她的家高墙大院，曲折回廊，花木扶疏，透着和平头百姓不一样的气象。人生路上走到这个景致，夫妻和睦，子女承欢，真是没有什么不足之处了。

只是事无十全，人无十美。她们兄弟几个，偏偏都算不上长寿的人，有两个已经五十而殇。她去年便血，淋淋漓漓，不曾在意，到严重了再去做检查，已是直肠癌中晚期。

现在看到的她，已经动过大手术，把直肠切除，给排泄物另开一个通道，

126

体外隐蔽处挂了一个粪袋子。这种处理简直让人尊严尽失，十分丧气。

她的一句话我到现在言犹在耳。她二次发病，直僵僵躺在床上，转侧不得，疼痛难耐。人去看她，她大哭起来："为什么人家得病都能好，偏偏我就得这好不了的病？"这句话，真是哀鸣。还想什么前情后事？还较什么你短我长？还说什么荣华富贵？当初时候，想也是诸多争斗算计，进一步想着再进一步，好一时想着再好一时，得一利想着再得一利。花开要开重楼，做人要做强人。到了而今，绝症加身，前走无路，后退无门，别人都在兴致勃勃过生活，只有自己躺在床上等死。

假如真有一种大能，可以让自己瞬间康复，只是从此以后，要布衣粗食，困窘疲累，怕也是要乐得跳起。躺在病床上的人，其实给自己的思想另开了一扇窗子，看到了和直立行走时不一样的景象。当然，前提是最终能够站起。偏偏她回不了头，一切都无可挽回。

到了这一地步，她已知凶多吉少，没办法不想到自己的后事。

为人母一场，格外舍不得子女。她躺在病床上，跟她年过半百的丈夫说，你给我两万块钱吧，我一万给闺女，一万给儿子，让他们留个纪念——毕竟是天天和钱打交道的人，能够想到的最能够表情达意的东西还是离不了这花花绿绿的纸头。她的要求没有被应许。丈夫推托说："急什么，你安心养着。"

死亡搭起台来，上面活动着必不可少的戏子。

现在，所剩的唯一工作，就是等着她的生命终止。偏偏她的生命虽然细如游丝，却总也不肯断去。躺在床上，环绕着她的是众多的亲人，时刻准备着她殁之后把自己的哭声迸发出来。可是她还在一呼一吸。

她的嘴唇翕动了一下，做了护士在床边服侍的侄女弯下腰，听见她说："你看你大姑姑，断这口气多么难……"

这口气终于断掉了，几个月后，丈夫又往家迎来一个年轻的女人。子女和父亲不再相认。她留下的财产不是小数，面对这样一块大蛋糕，本不缺钱的三方面成了横目对峙的仇人。

　　光阴的眼中谁都只是一段插曲。生时所有的融融洽洽、你欢我爱和死亡比起来，都显得有些尴尬和虚假。想想让人灰心，这个世界上，恩情和亲情，不知道有几多是真。

★ 点 评

　　"死亡搭起台来，上面活动着必不可少的戏子。"这句话简单凝练，却意味深长，原来人从生到死穷其一生都是在死亡的戏台上唱着属于自己的戏文。作者讲述的姨的故事，可能会看过便忘却，世间生死悲欢毕竟常见，而她从生命中凝结出来化成文字的感悟，偏偏会时时刻刻萦绕在读者耳边。比如"光阴的眼中谁都只是一段插曲"，比如"生时所有的融融洽洽、你欢我爱和死亡比起来，都显得有些尴尬和虚假"。

虎叔

作家心语：人死了，无论怎样的轰烈伟大，都只可能对别人有意义；他自己，如败掉的草，永无声息，再不回头。

虎叔不是现在的人了，是已经作了古的人。但在我的印象里，他仍旧是满面红光，笑嘻嘻的，很高兴的样子。

他是个光棍，据我小时的感觉来看，他似乎不应该打光棍，因为他不麻不跛，不矮不丑。那么，他娶不上媳妇，大概只是因为穷的原因吧。也是的，那时农村整个的破败荒凉，打光棍的人很多呀。

打了光棍虎叔也还是很高兴，不愁不焦的。男愁哭，女愁唱，我就老听见母亲呜呜咽咽哼着幽怨的调子，一边补衲着我们一家破旧的衣服鞋帽。我小时不懂，听得凄凉，就趴在她身边，说："娘，别哭了。"我娘就转过头来，对我说："我不是在哭，我在唱呢。"然后虎叔就来了，一屁股坐在炕沿儿，笑嘻嘻地说："东西街，南北走，出门碰上人咬狗。拾起狗来打砖头，又被砖头咬了手。从来不说颠倒话，满天凉月一颗星。"（说实话，我这凉月满天的名字就是从他的颠倒歌里得来的，不知怎么，觉得很有味道。）我娘就说："虎子，整天不见你发个愁。"

一个人在家守着一个白发老娘，虎叔想来也寂寞，所以总爱往我家串门。一年的大年三十夜，母亲和父亲不知道到哪里去了，就我一人在家。其时我已经十三岁，会胡思乱想了。虎叔喝了点酒，脸红红的，脚步趔趄，走来我家，跟往常一样，笑嘻嘻着问："丫头，你娘他们呢？"我就开始警惕，回答他说："我娘他们串门去了，一会儿就回来。"他说："那我在这儿睡一会儿。"我怕他起邪心，从我娘的针线笸箩里翻出一把锋利的大剪子，特意在他面前晃，他也没在意，倒身睡下，不一会儿就呼声震天。我就在这唯一的一盘炕上一边写作业，一边还担着无谓的心。直到虎叔睡醒，我父母还没回来，他又抹抹眼睛走了——我的心才放下。现在想来，一个单薄瘦小的丫头，能抵御得了什么呢？

后来，有人做媒，给虎叔说了一个傻姑娘做媳妇。这姑娘傻得不透气儿。有一次，我母亲把她拉了我家来一起包饺子吃。同包的还有我的婶子大娘好几位，全都拿她开玩笑。我娘问："淑英，你爱不爱吃饺子？"她就捂着嘴哧哧笑个没完。我娘再问："淑英，虎子好不好？"她更是笑个没完，一边还扭扭身子，挺爱娇的样子，好半天，嘴里迸出一句来："好，就是，就是，夜晚老爱，老爱压我……"几个老太太哄堂爆笑，乐得拍脚打掌。我红着脸，就当没听见。不一会儿虎叔就找过来了，傻淑英就拉着他的手要和他一起回家。他爱怜地拍拍她的脑袋，说："走，回家。"他们走了，我娘他们开始议论，说，别看是个傻子，虎子待她可真好啊。不像村头的谁谁家，连饭也不给傻媳妇吃，整天让背着粪筐子割猪草，割少了还挨打。虎子走哪儿把媳妇带哪儿，他在地里干活，媳妇就在旁边乱逛。虎叔怕她逛远了找不着家，干一会儿活就喊喊她，好像在一个婴儿腰里拴了条保险绳，可以保证她在自己的视力范围内活动，不会爬丢。

然后，就是傻媳妇怀孕了。虎叔高兴坏了，天天摇头晃脑，哼哼唱唱。

再然后，是傻媳妇十月怀胎，没生下来孩子，折腾了两天两夜，哀嚎了两天两夜，难产死掉了。

虎叔又成了光棍。

再成了光棍的虎叔，也不见多么伤心凄凉，仍旧天天红光满面，笑嘻嘻的。还在一边说着东西街南北走，一边说从来不说颠倒话。

一天我跟娘去地里干活，回来路过村边的坟地。傍晚的坟地一片凄凉。虎叔正趴在媳妇的坟上睡觉呢。我跟娘喊他，他爬起来揉揉眼睛，说："我怎么睡着了。"然后和我们一路回家。走在路上，他说："别看傻，是个挺好的伴儿啊……"

此后的岁月一如流水，溶溶脉脉，不着痕迹地流过。外面的世界很精彩，让我不再把这个活在黑暗里的人放在记忆里重温。直到有一天，我从婆家回来，母亲说："知道吗？你虎叔没了。"

怎么没了？一个普通人的一个普通的死法，中煤气了。人死了也没人知道，寡母早已奉养过世，他一人住一处破旧的院子。直到酒友找他，遍寻不见，撬开院门，才发现时间和风把一个整天笑嘻嘻的渐入老境的光棍带走了。

走了也没人给他立一块碑，光阴任凭一个人孤独地生，孤独地死，只淡漠地转着一个又一个圈儿。曹操横着大槊唱："对酒当歌，人生几何？譬如朝露，去日苦多……"虎叔这一点朝露，早早化了白烟，不复有人记起。是的，就像刘亮程哀悼一只小虫子时说的，还有别的虫子在叫，还有别的鸟在飞。大地一片片明媚复苏时，整个世界在一只将死的小虫子的感知里不间断地暗淡下去。

★ 点 评

虎叔很乐观，虎叔到"我家"串门，虎叔娶了个傻媳妇，媳妇难产去世，虎叔依旧笑嘻嘻，只是偶尔会趴到媳妇坟上睡着，直到中煤气去世。命运如此凄凉的一个人物，作者却不断地提到"笑嘻嘻"，这不是多么夸张的乐观，反而让人想起了余华的《活着》，不死便活着，死了便完了。

高宝柱

作家心语：万物之灵，灵在思想。自省，是多么的重要。

暑假放假，我回娘家小住了几天。天很热，蚊子也多，我一直折腾到大半夜才合眼蒙眬睡去。刚睡去不一会儿，就听见一阵远远的叫骂声从街上传来，且传且近，话里都透着浓浓的酒气："高盼弟，你听着！你挑唆我媳妇不跟我，你不是东西！不是人！老子要杀了你！要砍了你全家！我……"后面是一连串不堪入耳的脏话。

听见我娘嘟囔："这个高宝柱，迟早会出事……"

等到我两个月后再回村里看望父母，听到的消息是这个人已经跨入作了古的人的行列，把自己的位置定格在了一个小小的坟包上。古虽古，年龄并不大，大概不过三十多点儿。

被高盼弟的丈夫——他姐夫砍死了。

他的姐姐很多，分别叫盼弟、招弟、有弟、带弟、领弟，下面是他，可以想见他的金贵和娇宠。等宠惯大了，他按照惯性娶了妻生了子。你看，他骂的那个高盼弟，是他的大姐。

这人有两个特点：一是爱喝酒，一是爱骂街。而且是二合一型的，喝醉了就一圈一圈绕着大街骂，骂和他有过仇的人，或者在酒场上和他起过冲突的人，他倒并不流氓，关键是他骂得很流氓，翻来覆去就是执意要和被骂的人的所有的女性亲属发生性关系，上至八十岁的老娘下至七八岁的娃娃。我还没结婚的时候，有一次半夜里被他的骂声惊醒，一边听一边恨得我牙痒痒，直想拿一把刀出去劈了他，骂得太恶劣了。但是没人敢回腔，这个家伙骂大街的时候惯常拎着刀呢。上士杀人用笔锋，中士杀人用嘴巴，下士杀人用刀枪。这人勉强可算得上是一个下士。

开始的时候有人向他娘告状，他娘骂他，他搂过他娘一拳头，差点没打得闭过气去，从那以后，没人敢说他了。

有一次他在我哥家打麻将，他的六七岁的独生儿子来叫他回家吃饭，正打得上瘾，他不肯动，孩子就拽他，三拽两拽，拽火了，他飞起一脚，踹在孩子心窝上，那孩子立马脸色蜡黄，蹲下动不了了。吓得我娘赶紧搂着孩子给揉，一边呵斥高宝柱，这个人不喝酒倒也不怎样，听就听了，并不给掀翻麻将桌子。两人打架，一方会威胁另一方，你再不老实，可别怪老子拳头上不长眼睛。这个高宝柱是真的拳头上不长眼睛，而且嘴巴头子上也不长眼睛。

他的大姐和他相差快二十岁了，本村的婆家，属于长姐如母的类型，母亲年老，弟弟的一切活计都是姐姐操心，包括孩子和弟媳妇的四季衣裳都是姐姐包办。高宝柱享受惯了，并不以为怎么的高恩大德，心安理得接受着。姐姐有时看不惯他在村里的横蛮行为，也会劝劝甚至骂骂。他大多数时候是听的，但是不能喝酒，喝了酒就会朝花夕拾，连他姐和姐夫一块骂。

这样打孩子骂大人过了几年，媳妇也受不了了，干脆卷包回了娘家，不回来了。

他找不着媳妇不跟他的理由，就觉得是姐姐挑唆的，不干了，天天去姐姐家门上骂，照样流氓得不堪入耳，而且威胁着要劈掉姐姐、姐夫和外甥男女。姐姐家紧闭街门，不敢出来，结果有一天半夜喝了酒他真就带着刀去撬门。街门撬开，他站在院子里大叫着："高盼弟，你听着，你爷爷我今天就打发你们一家子归西！"然后开始撬房门。他在外边撬，他姐夫拿着菜刀在门里边早站好了，门撬开，他推门就进，被他姐夫一刀劈在脑袋上，但并不就死，只是砍昏过去了。他姐一家子赶紧张罗着送去医院，抢救，打点滴。他醒过来，大概酒劲还没下去，仇恨之火熊熊燃烧，他一把拔掉输液管子，下床就跑，要接着砍仇人。这一下床，送了他的命。

当然，他姐夫也被逮走了。全村人出奇地达成一致，联名上保，说是为村里除了一害，不然不定会有哪个的命丧在他的手上，联的名字里有他的母亲。

据说人生悲剧可分两大类：一是命运悲剧，一是性格悲剧。我想高宝柱应该属于后者吧。

点　评

这篇文章语言平实，叙述一个被母亲从小宠坏的农村浪子无赖，最后被姐夫所杀的悲剧，无须华丽旖旎的词语。但是，平淡朴实的语言组合，却似一双无形的巨手，揪起读者的心，就这么提在半空，怦怦跳着，有些什么东西积在心中，哽在喉咙里，咽不下又吐不出来，怎一个"闷"字了得？等稍微吐出胸中这口闷气之后，才会思索：谁之过？前车之鉴如何借？

草凋

作家心语：膀大腰圆，青春正炽，却戛然而止。面对六表姐，我们只有唏嘘和无尽的感慨。她是做了一场梦回去了吗？作为亲人，我只好带着她的照片，行走在太阳底下，让她看着我们快乐地生活。

我姨家虽住山村，却不贫穷。当地盛行石料生意，或是种出金针菇来装罐头，二层小楼不稀奇，雇保姆理家政不稀奇，"出有车食有鱼"更是太平常的事。虽不贫穷却又落后，生民色彩浓厚，家家信奉"不孝有三无后为大"。这种观念古来自有，看我的一串表姐就知道了。

姨妈一口气生了一串姑娘，大表姐、二表姐、三表姐……一直到六表姐，好不容易才生了两个儿子，一个表哥，一个表弟。时代迈进到现在，儿子仍然要生儿子，谁想表弟家又一连生起了丫头，大丫头、二丫头、三丫头……到现在还在生。

几个表姐全生得唇红齿白，模样俊秀。大表姐温柔沉默，自来的富气；二表姐凌厉，快眉眼里扫人；三表姐扎一锥子不知哎哟一声；四表姐是女民兵连长，英姿飒爽；五表姐真正的弱柳扶风，动不动头疼脑热，不能出工上地；只有六表姐，身材丰壮，银盘大脸，敢说敢笑。

因为美丽娇弱，几个表姐备受娇惯，但地里农活少人打理，打铁的活计明摆着后继无人。我姨夫是铁匠，一个烈焰熊熊的大炉子，一块下方上圆的馒头样的铁砧，数把长锤短锤，养活这一大家子。但是架不住人一天天变老，儿子又太小，总得有一个帮手才行。这事就摊给了六表姐。

大铁锤越抡越膀大腰圆，且性格日渐粗犷，像四处飞溅的火星，随时都可能发飙，乱蹦，骂人。所以在这几个软玉温香的待嫁女中，六表姐就显得很突出，很抢眼，万红丛中一点绿。每天日上三竿，她还不肯起床，在炕上横七竖八睡得那叫一个香！叫一遍，不言语，叫两遍，哼一哼。姨夫已经把火升上了，和我年岁一般大的表哥正身子一仰一合地拉风箱。这也是表哥受人待见的一个原因：勤快，踏实，忠厚，让干什么就干什么，不管是不是自己分内的活。他对六表姐终日高强度劳累十分能够体谅，在能替手的时候必定替一把手，哪怕拉拉风箱呢，也让六表姐多睡一下。但这也害六表姐多挨两句骂："你兄弟都起来替你干活啦，你还赖着不起床，一个姑娘家，像个什么样……"好容易叫起来，她洗把脸就上了战场。她一上场场面立马热闹了许多，风箱呼呼响，火苗子蹿起三尺来高，火舌吐出尺多来长，她围着烧焦的皮围裙，像个巨人一样抡起了大锤，通红的铁块在铁砧上被锤得火花四溅，"咚！当！咚！当！"

早饭做好，一齐端碗。一大锅蔓菁粥，一盆子凉拌白菜帮，十几个窝窝头。大家围着桌子吃，没人发表意见，只有六表姐："天天蔓菁粥蔓菁饭，你们家跟蔓菁做亲家了？"我姨就骂："死丫头，能吃饱饭还不满足！六零年，连蔓菁都吃不上！"实际上这东西真没人爱吃。顿顿是它，是猪也烦。直到现在，我对这种圆溜溜散发一股怪味的东西都没好感。

我只稍稍端了一下碗，做了个表示，就悄悄放下了。表哥也不爱吃，勉强吃了一小碗，也就罢手，跟我一起在屋里玩，看书，写字，下棋。一会儿，六表姐悄悄摸了进来，用粗糙的手掌把我们的脑袋各划拉了一下，从兜里掏出两块水果糖。当时我们都已经十二三岁，六表姐还把我们当小孩子。看着我们把糖块塞进嘴里，她眯眯笑着又出去了。

再大些，上头的几个表姐都已经嫁人，偌大的闺房只剩她一个。大姑娘春情萌动，没事就爱赶集上店，打扮得漂漂亮亮，一路走一路卖眼。有一天她回来高兴坏了，兴高采烈地学说一个北京老太太："六十多了，穿一身大红衣裳，满嘴撇腔：'我就爱咱这乡下，我就爱看咱这乡下的红高粱……'"她的普通话不标准，咬着舌头，学又学不像，听得我们捧腹大笑。直到现在，她殁去许多年了，一想起她，我就想起她这几句不文不白、走街串巷的京腔。

笑着笑着，她拿出一条裤子，对表哥说："来，穿上。我见你上次说，爱穿这样的裤子……"上次？三个月以前了！六表姐对表哥真是偏爱的，对我也偏爱。她的手里拿着一个头花，送给我。我说你给自己买了啥？她说啥也没买，我买了，你姨又说我乱花钱！我说姐，你给我们买，不是一样乱花钱？她说怕啥子，你是亲戚，她不好训你，他是儿子，你姨心眼偏到胳肢窝里，舍不得训……她的逻辑真奇怪，好像给谁花钱不是目的，花了钱不挨训才是目的。

有一阵子表姐特别爱上我们家串门，来了就一定会住几天，和我娘一起纳鞋底。把锥子在头发里"光"两下，一锥子扎过鞋底，一根大针认准眼，噌——噌，两把一针，两把一针，均匀紧凑，纳出来的鞋底紧硬结实，美观耐穿。这真得力于这两条打铁的好胳膊。她手上利索，说话也利索，高门大嗓，笑起来哈哈的。有一天，院外有人叫我娘："奶奶，使使你家铁锨。"表姐的声音立马小了八度，红晕上脸，偷眼往门外瞧。——这是我家西邻的小儿子，也到了适婚之龄，白白净净，文文弱弱，声音和身材十分配套，从来不肯大声。

我一下子明白她爱来我家的原因了。表姐走了，我撺掇我娘："海子有了对象没？把我六姐给他说说？"我娘面有难色："你荣子姐这脾气，嫁过来，成天打吵，咱也难做人……"但是仍旧去说了，结果让人丧气。人家看不上她，说她太粗壮了，怕过了门，受她的气。

趁她又一次来我们家，我像说闲话似的，假说人家已经订婚。表姐听后，脸色晦暗，说了一声："哦。"

从那次回去，再没见她来。

再见到她，是在她的婚礼上，她嫁给一个黑瘦矮小的男人。小男人强着被人灌酒，忸怩不肯，表姐火大："我舅敬你，怎么不喝！"吓得他一哆嗦。那天，好大的雨，连天扯地，农村的泥地到处踩得像烂泥浆。亲戚朋友没处躲没处藏。我娘摇头："这个天气出门子，以后光景怕不好过……"

我上大学，结婚，生子，去我姨家少了，见她的机会更少，但时不时听到我娘报告：六表姐婚后很不如意，心比天高，没想到嫁个男人忒软弱，在家受婆婆的辖制，在外受村里人的讥讽，出门打工，又受同行们的排挤。气受多了，想自己干点事业，苦于没有本钱，六表姐把主意打到几个姐妹身上。没奈何几个表姐有的富裕，但却精明，不肯借；有的又做不了丈夫的主，无法借；有的根本就过得麻绳提豆腐，提不起来，米都没有，粥从何来？只有我姨偷偷塞给她一千块。她守着娘哭了一场，走了。

她回家就得了病，头疼。刚开始以为是上火感冒，不敢吃药，也不敢打针，怕对胎儿不好。那个时候，她已经是一个小女孩的妈妈，小姑娘漂亮，梳着丫角辫，嗓音嫩嫩甜甜。但是不行。还要儿子。所以她又怀孕了，已经六个月。

后来越疼越厉害，疼得她拿脑袋咚咚撞墙。我姨去看她，她叫："娘啊，疼啊，疼死我啦，给我掐掐。"我姨就使劲给她掐太阳穴，捋脑门，揪眉心。疼得她一身汗连着一身汗出，衣服和头发全部湿透，攥着拳头使劲捶打自己的脑袋，妄图止疼。没奈何，她丈夫摁住她左手，我姨摁住她右手，她就把脑袋高高抬起来往枕头上撞，咚咚有声，像当年打铁一样。

我姨哭着说，送医院吧，她的丈夫讷讷不能成言，婆婆在一边说："就是个头疼，也不是大毛病，万一到了医院人家把孩子给拿掉怎么办？"

六表姐一直疼了三天四夜，粒米不进，唇焦口裂，喊叫得嗓子也哑了，原来胖胖的人几天工夫瘦得不成人形。到最后表哥把姐姐强行抱出，拉去了乡卫生院。人家说："不行，你们走吧，转院，这里看不了。"等到了县医院，医生大发脾气："你们怎么早不来！她这是流脑，来早了能治，来晚了治不了。现在不行了。"

说不行，就真的不行了。各种常规救护也用上了，但是晚了。表哥攥着姐姐的手，看着吊瓶里的液体滴滴流动，不让人们给穿装裹衣，说："我姐姐还活着，不能穿，不能穿。"最后还是穿上了。六个月大的胎儿随着娘去了另一个世界。我娘说，怀的还是个丫头。丫头跟娘走，如果是小子会下地。

我也不承想过了年再去姨家迎接我的会是一座新坟。坟上花圈还没完全朽掉，红红白白地在雪地里招摇。化了纸钱，纸灰漫天飞舞，我姨坐在雪地上大哭："我那苦命的荣子啊，我孩子是给活活疼死的呀啊啊啊……"我跪下磕头，泪水汹涌，嗓子发堵，心里痛叫：表姐，你是何苦？你又何辜？

回到姨家，我那已经患了脑萎缩变得痴呆的姨父认不得我了，只瞅着我嘻嘻地笑，然后很威风地走到院里，冲着表姐生前的闺房叫："荣子，走，打铁去！"

张爱玲写过一篇小说叫《花凋》，写一个破落中产阶级的女儿如何备受忽视和冷落，然后年纪轻轻地死去。表姐不是她，连朵花也比不上，即使凋零，也是草凋。

点　评

作者这般描写六表姐如草一般旺盛的生命力："像个巨人一样抡起了大锤，通红的铁块在铁砧上被锤得火花四溅"；她承受的病痛："把脑袋高高抬起来往枕头上撞，咚咚有声，像当年打铁一样"；她生命的脆弱："瘦得不成人形"……打铁的姑娘被生活折磨，活活疼死。字里行间流露着作者的痛惜，浸着作者的泪水。

丑娘

作家心语：卑贱的命运，伟大的亲情。无私，有像丑娘这样的彻底吗？祝她天上安好。

小时候，并不知道我娘有多丑，一样地搂着腿撒娇，绕着她蹒跚奔跑。越大越知道她有多么不体面，那丑劲简直就像《西游记》里那个被孙悟空打死的鲇鱼精刚变成人形，大嘴暴睛，牙齿外突，头尖脸圆，像个陀螺；肤色苍黑，上面稀稀几茎黄发，而且还是个"独眼龙"。

我爹是个"秀才"，远近闻名，很小就读四书五经。面白，细眼，长身，眼神里总有那么一点点忧郁的神情，招人心疼。他十八岁就开始教书，每到放学时间，就有不少大姑娘端着筐箩到大树底下做针线，噌噌地纳鞋底，有的还拿着一只圆圆的花绷——绣花。她们一边飞针走线一边偷眼瞧夹着书本走过去的小"先生"。可是有什么用呢？我奶奶一个寡母带一个孤儿，三间破草房里栖身，出不起聘礼花红，只好任凭别人把一个又一个如花似玉的姑娘娶走。到最后那些大姑娘都当上妈妈了，他才从四川一个讨饭婆那里拾到一个媳妇，就是我那丑娘。有了媳妇他反而把自己放了风筝，教个书也跑到离我们这里四五十里的小山村，非到过年过节，不肯进家门。

咬牙努力，我考上县里的重点初中，开始住校，终于和我爹一样，也把自己放起了风筝。转眼到了冬天，被褥单薄，晚上冻得睡不着觉，仍旧不肯回家拿铺盖。啊，那个家，有什么呢？没有尊严，没有欢笑，只有一个丑娘和她自己形影相吊。

有一天刚下自习课，一个漂亮的女同学"啊——"地惊叫着冲进来，爹呀妈地乱叫："妖怪来了，妈呀，吓死我了，哇哇……"整个班哄一下就乱了，胆大的跑出去看，胆小的抖作一团。我心里有一种莫名的预感，也跑出去看，凛冽的寒风中，一个穿蓝布衣裳的身影由远及近，背着一个包袱，头尖脸圆，突牙暴睛，原来真是我那丑娘。三四十里的山路，不知道她是怎么七弯八拐打听到这里，结果一来就受到这么隆重热烈的欢迎。那几个胆大的男生也妈呀一声往回跑，重重关上教室的门。

我不跑，冷冷地看着她："你来干什么？"

她的身上啊，鞋子上啊，全都蒙着一层细细的黄土。她抬起头，脸上露出一如既往的谦卑笑容："小红……"

我哼了一声，她的笑容还没完全绽开就冻结在脸上。

"你看你吓坏多少人？没事到处乱跑什么！"

我控制不住心里的愤怨，转过身不看她。真的，我不能见别人伏在妈妈怀里撒娇，也不能听别人跟来看望自己的妈妈絮叨学校的家长里短，一见这个我就止不住地伤心。我并不想要一个多么漂亮的母亲，但起码能让我拿得出手，能参加我的家长会，能和我一起站在人前，可老天爷偏偏给我这么一个丑得吓死人的娘，还猥猥琐琐，像一只耗子，既怕见人，又愿意溜墙根。听了一会儿，背后没动静，我忍不住转身去看，原来她已经走远，双手下垂，一步一移，怪怪地挪动，像一个伤心的大猩猩。地上放着那个蓝布包袱，我蹲下身，解开，里边包着两床棉被，崭新的被面里面缝进去两团柔软的白云。

把包袱背回去，有同学七嘴八舌地问："小红，那是谁？""我一个婶婶，来给我捎点东西。""好丑，好丑……"她们一边说着一边呼啦四散，剩下我一个人忽然就泪流满面。

大了，早早订了婚，婚姻大事正在紧锣密鼓地筹备中。那天不知为一点什么事情，我和未婚夫吵了两句嘴，一怒之下拿起剪刀，做出自杀的架势，本想吓吓他，没想他认了真，劈手一把就要夺过去。我一闪，两个使错了劲，剪刀的刀锋直扎眼睛，顿时血就流出来了！我"哎呀"一声，痛得往起一蹦。

此后的日子像做噩梦。做治疗要清洗创口，痛得死去活来，每天换药也像下地狱，痛得死去活来，最要命的是我居然也成了"独眼龙"！刚开始未婚夫还天天来，后来两天来一次，当我的眼睛拆掉纱布，成了一个真正的"独眼龙"的时候，他就再也没有来过，满天满地的黑暗里，只剩我一人。

丑娘倒是来过，一看见她，我就满腔的恐惧和悲愤。因为丑，她断送了自己的一生，我的父亲到现在都不肯和她并肩同行，难道我也要因为丑，重走她的悲惨路程？我背过身去不理她，只听她拉不断扯不断地问医生："我家小红的眼，还能不能看得见？"医生说得做角膜移植，可是现在角膜捐献太少，几乎没有这个可能。我听得心烦意乱，使劲把她往外赶："出去出去出去……"

后来真就看不见她的影子了。我感激命运，真的有人捐献角膜，难熬的漫漫黑夜终于露出曙光。纱布揭开，我的眼睛看到久违的光明。守着我的是我那变得十分苍老的父亲。他把我接回家里，一进院门，破天荒头一次听他大声叫："兰香！（我娘叫兰香），小红回来了！"

从里屋摸索着走出一个人，模样依然，却比原先更丑了十分：两只眼睛都紧闭着，没办法往起睁。

我大惊："爹，她的眼睛……"

我爹的眼泪流下来："小红，快跪下谢谢你娘，你用的是她那只唯一的眼睛。她说你以后的路还长，没有眼睛怎么成。我说怎么她上次一回来就老是闭着眼睛走路，原来是在提早练习摸黑走路的本领，结果不是撞桌子就是撞板凳，还打翻一个暖水瓶。走到大街上，一步走到水塘里，差点没把她淹死。我要征求你的意见，她说什么也不让……"

我腿一软跪倒在地上，我娘瞎着两只眼睛乱摸，摸到我就紧紧把我搂在怀里，丑脸上的两行泪把我的心刺得那么痛，那么痛。

此后的日子安闲平静，原来的婚事取消，我最终嫁给一个真正对我好的人，和他一起搬到城里去住。我想把丑娘也接来，磨破了嘴皮子，她却说什么也不肯，用的理由居然是怕给我丢人！我动员我爹给她做工作，没想到我爹也不肯，说村里没有那么多的车水马龙，你娘走路可以放点心。我从来没见他与我娘这样恩爱过，娘还是那个丑娘，父亲却已经不是那个父亲。我也时常给我的丑娘买一点点心，回去看看她，她的脸上有了久违的笑容。

结果好日子没过几天，就在一个深黑的夜晚铃声大作，电话里传来我爹焦急的声音："小红，快来医院，你娘病了！"我大吃一惊，急匆匆赶过去，看到的景象让我心胆俱凉：我娘正大口大口吐血，不是吐，是鲜红的血往外喷。洁白的床单和墙壁开满一朵一朵凄艳的血色桃花。眼看她的血流啊流快流尽了，医院的血源告急，我和我爹心急如焚，争先恐后捋起袖子。输血前要先检验血型，检验结果却让我大吃一惊：我娘是A型血，我父亲是O型，我居然是B型！求医生再验一遍，那个白胡子老头大发脾气："你以为我们这里是野医院，糊弄人？！"我脑袋发蒙，搞不清楚怎么一回事，呆呆地看着父亲，脑海里一个可怕的猜想像乌云一样慢慢积聚、成形……

我爹承受不住我的目光，捂住脸朝下蹲："小红，你娘她，不是你的亲生母亲……我和你的亲娘从小要好，她家却因为我穷，把她嫁到外村。我不甘心，又去找她，并且和她有了你。她被她丈夫发现，打了一顿，赌气喝农药死了，你也被扔出了门。是你娘看你可怜，把你抱回来抚养。你娘她，她可怜……"

我的心一阵阵绞疼。丑娘的血已经流尽，面白如纸，气息微弱，昏昏沉沉。她比以前更丑，脸上却发出一种别样圣洁的光。我有罪，我爹有罪，我们两个人对她不平加身，搞得她一生忧郁，脏器受损，一个小小的胃出血竟然就要了她的命。

我的丑娘就这样过完她的一生。一直到她死，我都不知道这个女人曾经受过什么样的苦，有过什么样的痛。娘，你在不懂事的时候欢笑过吗？懂了事后，又洒过多少眼泪，可不可以倾城？一抔黄土掩盖了一个卑微的生命。我跪在坟前，痛哭失声，上天入地我也换不回我那丑娘的生命，重新给她一个快乐一些的人生。

★ 点 评

这是一曲悲怆的母爱赞歌。丑娘丑得吓人，她的爱却那样无私，那样温暖。喜欢这样一句"崭新的被面里面缝进去两团柔软的白云"，柔软的是娘的心呀，可是眼中有，心中无，必须等到娘的爱化为血泪，才能滴进女儿的心田里。作者还不肯作罢，继续揭示真相：丑娘不是亲娘！情何以堪？情何以堪？一桩桩一件件，情节次第展开，剖出丑娘的一颗心和一份浓浓的爱。

思乡

　　老刘是个"找子"，这是我们本地方言，意思是说话不随本土口音，侉里侉气。也难怪，他本来就是异乡人，不知道从河南的哪里流落至此，身无长物，就随手一把瓦刀。凭着它，他开始在我们这一带紧锣密鼓地混饭吃。

　　只要谁家盖房，他就忙忙奔过去。主人家不给钱不要紧，不赏烟赏酒也不要紧，只要能得一顿饱饭。他活干得经心，做得漂亮。一面墙在他的瓦刀左铲右削、上敲下打下立了起来，青砖做底，白灰勾缝，横平竖直，特别美。他端着饭碗还左端详右端详，一边眯眯地笑，一边哼小调："陈奎好比一只虎，陈三两好比捕鼠猫……"调高声细，女里女气。后来我才知道，这是曲剧《陈三两》里的唱段。要不然就是"小窟窿里掏出来个大螃蟹……"，这个是豫剧《七品芝麻官》里唐成唱的。豫剧和曲剧，都是河南剧种，这个人，是在思乡呢。

　　后来，他的名气有了，钱也就有了；钱有了，家也就有了。他"嫁"给我们村一个寡妇，养了前三后四（前夫三个，亲生四个）一共七个孩子。就凭这一把瓦刀，居然也可以每天弄一碟花生豆子，喝一杯小酒子。而且，家里还破天荒地添置一台缝纫机！

　　那是什么年代，多少女人梦寐以求的，就是蹬着缝纫机的轮子，"嚓嚓"地把衣服一路缝过去。潇洒的动作里透着咱家有钱的阔气！那时的嫁妆标准都是三大件：手表、车子、缝纫机。这么一个"嗒嗒"响的铁东西，让老刘的太太领会了多少羡慕和巴结。无论结婚、生子、嫁女儿，妇女们都不约而同来占这点小便宜，用他家的缝纫机缝新衣裳、新被子，一边缝一边猛夸老刘好手艺，太太好福气，一院子欢声笑语。老刘看着一派繁荣景象，想着这都是自己一手挣来，怎一个舒心了得。一开心，就又哼曲儿。

我问我娘："刘叔是哪里人？"我娘说那个什么"厌气"……我爹赶紧纠正，不是"厌气"，是"烟屎"——哪有这么怪的名字！

一天回家，老刘正在脚手架底下抽烟，叫我："妮子，过来，猜个字谜。"

我不屑："你不识字，还给我出字谜？"

他嘻嘻一笑："'三面有墙一面空，一个女子坐当中，有心和她来说话，恐怕墙外有人听。'这是个吗字？"

坏了，问住我了。

他看我脸憋得通红，胜利地一笑："'偃师'的偃嘛，傻女子。"

我恍然大悟：这个老刘，他的老家原来是"偃师"。

旁边有人调笑："老刘，又想家喽，滚回你的老窝去！"

他也笑："娘老子都殁喽，回去还有啥意思……"

其实，一村人都知道他在说瞎话。爹娘死了，弟兄还在，那样艰窘的年月，他忍受着胖老婆的责骂与呵斥，鸟衔食般积攒下一大包袱东西：新袜、新鞋、新布衣，还有五块、十块的票子，想着有朝一日还乡去，给这些穷困兄弟接济接济。

可是，他真的只为这些？

年岁渐长，我才真正明白他的道理。娘殁了，爹殁了，可是，那片自小生长的地方还在，村头的大槐树还在，磨米磨面的石磨盘还在，秋天的草垛还在，风一吹过，摇头摆尾的庄稼还在，牛羊鸡狗猪马驴，都还在。在家不觉得怎么出奇，一旦离了家，这些东西就像久经打磨的金属，在游子的梦里闪烁出越来越鲜明强烈的光彩。

伏天里淫雨霏霏，一气下了半个月，流言像雪球，越滚越厉害。有人说要发大水，有人说要大地震，弄得人心惶惶，都效仿老刘刚开始的行径，结庐而居——草庐——就是用秸秆随便搭个棚子，蒙上塑料布，凑合着睡。

老刘也把家里值钱物件都搬到草庐去。一天晚上，马灯失火，炎焰张天，棚子被毁，人们光屁股跑出来，诸物尽烧成灰。那个崭新的大包袱当然也完了戏，那台新新的缝纫机哦，变成一堆废铁。

老刘伏地痛哭，声如牛吼。

雨过天晴，老刘继续在脚手架上爬高爬低，再没提回老家的事。小曲在忘情的时候照哼不误，回过神来马上闭嘴。

二十年过去，老刘得了脑血栓，拄着拐棍子，趔趔趄趄。故乡？他早忘了吧。

前日回家，听人说老刘已死。他死前昏迷三天两夜，临终清醒得出奇，拉着小孙女的手，说："丫头，爷爷给你出个字谜：'三面有墙一面空，一个女子坐当中，有心和她来说话，恐怕墙外有人听。'"七岁的小姑娘吮着手指头发呆，老刘头一歪，断了气。

★ **点　评**

　　《思乡》是文题，亦是主题。作者通过哪些细节来表现老刘思乡的呢？他砌完墙后，端着饭碗唱曲剧和豫剧，都是河南剧种；叫"我"猜谜，谜底是家乡的名字"偃师"；积攒一大包袱东西想送回家乡；临死前给小孙女猜那个谜语，谜底是"偃师"。思乡做了一条感情线索，穿起来老刘客居他乡的半辈子：做工，结婚，挣钱买缝纫机，攒东西，一把火烧掉家当，患脑血栓归乡无望，临死猜谜……故乡永远在心里。

一个作家的背影

> **作家心语：** 一方水土养一方人，正定培育出了贾大山，正定在，贾大山永在。他的质朴文字永在。

我的家在河北正定，那里有我的父老乡亲。

正定卤鸡自古有名——按比例下料，看鸡龄定火候。鸡煮好了，黄里透红，颜色鲜亮，不破皮不脱骨，不塞牙不腻口。鲜，香，嫩！正定烧麦也讲究：剁馅儿只用牛"中肋"，一层肉丝儿一层花油，香；葱花、鲜姜、黄豆酱、花椒、大料、小茴香水拌馅儿，还必须得用小磨香油。出笼用荷叶裹了卖，肉香、油香、荷叶香，满嘴清香，味道绝了！正定还有三宝：拍糕、粉浆、豆腐脑。豆腐脑有"三变"：卤水点浆的"老豆腐脑"；石膏点浆的"石膏豆腐脑"，前放韭花儿和辣酱，后佐姜末与蒜泥；还有豆腐脑蒙头浇卤的"卤豆腐脑"，金针、木耳、粉条、面筋、香菜、香油调就一口好卤。

这是三十年前的事了。三十年前的月亮像朵云笺上的泪珠，陈旧，迷糊。三十年前的吃食可是像天上的月亮，饼大，油香。就连豆腐脑的卤上都有油汪汪俩大香油珠子，像俩小月亮！

三十年后的今天，卤鸡还在，装袋密封，"送礼佳品"；烧麦还在，可是水泊水洼大河小河少了，红花莲子白花藕没了，想借点荷叶的清香就难了。豆腐脑也在，卤也在，不过一勺淀粉糊里漂两点碎香菜，金针、木耳、粉条、还有那俩大香油珠子？对不起，早没了。

还有三十年前的人。

正定紧临滹沱河，河沙遍地，种别的不长，就种花生。花生不让吃，要换油，"吃油不吃果，吃果不吃油"。一个小女孩熬不住肚饿，偷吃几粒花生果，被当队长的爹一巴掌打死，下葬的时候还被抹一脸锅底黑——孩子的姥姥说："这闺女是个短命鬼儿，这么一抹，咱不认识她，她也不认识咱，下辈子不要再往这里转生。"

一个姑娘酷爱看电视，村里只买得起一台12英寸黑白小电视，放在大队部搭起的高台上，她天天去看，如醉如痴，突逢停电，跳着脚喊："点着蜡演！点着蜡演！"

还有正定的小商小贩。吆喝"煎糖糕"的王小眼，声音尖锐，如同汽笛，声波随着脸的转动覆盖全城。县城刚解放，空中时有敌机飞过，街长一听就发急："别吆喝啦！"——怕他把敌机给招来。卖包子的翟民久原本有钱，字号买卖、宽房大屋都缴了公，他就天天拎个小竹篮到包子铺趸包子卖。一回趸二十四个，多一个也不趸——他家有六口人，一个不卖也不要紧，人均四个包子，恰好一顿饭。吆喝起来还有"包袱"："卖包子，大个儿的包子，吃俩就饱啦——再就俩卷子（馒头之谓也）！"杨莲池守古庙守出灵性，心地古雅，禅修甚深。他爱上一方小树林的雅僻幽静，怕被先死的人给占完，就给自己抢造了个坟，上写"杨莲池之墓"——典型的"抢占宅基地"。没两天，他又把坟头给平了："那是个挂碍……"

三十年的光阴，把"对拼""白片""有饧""荷包""二水"的炸麻糖变成现在简而单之的两股拧——"油条"；把棵大叶肥、白嫩如玉、叶子叠叠重重，外面一叶满球包顶，中看中吃，名驰南北的正定"南仓大白菜"变得淹蹇无闻；把一个个鲜蹦活跳的人送进荒坟，也把金粉金沙漫天撒下，毫不留情地埋没掉写它们和他们的人——贾大山。

贾大山，生于1943，卒于1997，作家，正定人。说是作家，书店里没有他的书，各类选本上没有他的文，近年文学界对当代文学的挖掘之功甚伟，甚至搜出了汉奸胡兰成，名曰"废人不废文"，却独独不见贾大山的踪影。

可是当年他也是龙华会上的人。

他的小说《取经》一出手就拿首届短篇小说奖，《花市》入选中学语文课本。1980年，中国作协抽调各地崭露头角的青年作家，举办"文学讲习所"，蒋子龙、张抗抗、王安忆、叶辛……他也在其中。

同样是农民形象，路遥诚朴，陈忠实木讷，贾平凹绝顶聪明，他却显得"毒"。据同是讲习所学员的同学韩石山印象，贾大山一张脸红红黑黑，疙疙瘩瘩，眼睛眯成一条缝，明亮又阴鸷，老是在审视什么东西，短平头，方脑袋，像历史课本上画的朱元璋，一股帝王气，冥顽、持重、从容、嘲讽人毫不留情，说老婆一个就够了，"喜新厌旧，见一个爱一个，要那样，俺原来的妻子怎么办？西方鼓吹性解放，狗才性解放哩！"

当时文学界流行意识流，文讲所结业时开讨论会，谈各自创作，贾大山说他本人最近研究意识流小说颇有心得，也试写了一篇，读给大家听听。小说描写一个水利工地上开学大寨动员大会的场面："草帽句号草帽句号麦秆儿编句号藤编句号白色的草帽句号黄色的草帽句号新的草帽句号半新半旧的草帽句号破了檐儿落了顶儿的草帽句号写了农业学大寨的字和没写农业学大寨的字的草帽句号……"

大家起先凝神静听，渐渐地听出点味儿，终于哄堂大笑。他眯着眼睛坐在中间，不笑，还在那里一本正经、有滋有味、不断地"句号句号"。

他嘴瘾过够了，埋头写小说。翻来覆去，整晚不睡，白天也把眼盯牢天花板出神。想起个什么好句子，拿起身边的纸，就那么斜躺在被摞上写几行。十天八天，半月一月地过去，全篇写完了，压在枕头底下，隔两天拿出来看看，改上一两个字。直到有一天，自觉完美无缺，才拉一个免费听众，从开头的第一个字，直到末尾的最后一个字，连标点符号都背给人家听——他的文章土劲像赵树理，笔触干净直追孙犁，又谁都不是——他只是他自己。

他的笔下字字不离正定。湘西是沈从文的故乡，北平是老舍的故乡，呼兰河是萧红的故乡，高邮是汪曾祺的故乡，正定是贾大山的故乡——他们是真懂故乡的人。

因为懂得，所以庄重。铁凝向大山约稿，稿子没约到，他怕拿出去丢人，却把她请进家里，给她做饭，意思就当赔罪。"烧鸡和油炸果子都是现成的，他只上灶做了一个菠菜鸡蛋汤。这道汤所以给我留下了很深的印象，是因为大山做汤时程序的严格和那成色的精美。做时，他先将打好的鸡蛋泼入滚开的锅内，再把菠菜撒进锅，待汤稍稍沸锅即离火，这样菠菜翠绿，蛋花散得地道。至今我还记得他站在炉前打蛋、撒菜时那种潇洒、细致的手势。"

就这么个人，食素，住平房，工资多得不知道怎么花，买衣裳？买来买去，穿在身上的还不就是这一身！他没事写写小说，兴之所至，光着膀子，头上围块纱巾，穿着老婆的一条深绿裙，嘴里热热闹闹地从自家屋里往外扭秧歌。不但扭秧歌，还唱戏，《空城计》《打渔杀家》《长坂坡》。表演到了高潮，他就从"演员"变成"观众"，嘴里发出"雷鸣"般的掌声，自己为自己兴奋地鼓掌，大声喝彩："好！再来一段儿。"然后继续折腾。

夏天中午，遍地水泽，小孩子偷跑去玩，大人胆战心惊。大山把儿子叫到跟前，先讲河里的危险性，再让孩子举拳头宣誓："中午不睡，晚上罚跪。要是耍水儿，砸断狗腿儿。要是野跑，不让吃饱。"稍息，立正，敬礼，解散。

正定城里有大佛。"五层画阁碍云低，七丈金身可与齐。"又有临济寺、开元寺、广惠寺、天宁寺，熏也熏得人有敬畏之心。大山信佛，茹素又熬不住嘴馋，吃两个猪蹄，擦擦手到佛堂里告罪："弟子贾大山心诚嘴馋，今天又吃了两个猪蹄，请菩萨宽恕！"浮云不遮望眼，跟菩萨犯调皮也不碍一片赤诚，现在若游蒙历代帝王驾临的隆兴寺，还能见到大山为重修大殿而作的募捐启："乐善好施，中华美德；桑梓有事，惟民是赖。吁请全县父老，各界人士，以及国内同乡，海外侨胞，悉发胜心，共襄斯举，舍一砖而兴古刹，添一瓦而救国宝，功在千秋，利在当代矣！"

正定城里有了他，好似含了一颗宝珠在肚里放光，他却分明不知自身重量，既不登山下海，处处观光，也不贤愚不肖，在在争锋。贾大山如薛宝钗，别人谓之藏愚，他自云守拙，只修佛一样修心，养鱼一样养静。

这样的人按说应长寿，他却得了喉癌。当着人，他强撑起来有说有笑，没有人的时候，他就打自己耳光。毕竟不是神，不是佛，还是一个"众生"。众生纭纭，皆如此相。我为如来，也为此病。

1997年，贾大山病逝。

观其一生，他好像是一个还没有彻底从天然人变到社会人的不完全进化人，一个在世界上迷路和贪玩的小童，路上的砂石嵌进生命，把他硌得生疼，他却把它磨成光溜溜的珍珠，送给这个世界，说："看，好不好看？"然后对这个正在痛哭的世界说，"来，笑一个。"

风雨琳琅，云封雾锁，他的人和文都渐渐消失；烟花爆开，群仙乱舞，只有这个人的背影独没深宵。但愿有一天尘埃落定，诸神归位，这位土得掉渣、土得精致，亦"犁"亦"理"、非"犁"非"理"的作家，举袖振衣，踏上本属于他的一席之地。

★ 点 评

　　本文的开头极为有趣，写正定卤鸡、正定烧麦、正定三宝前后三十年的变迁，这些和文题中的"作家"何干？仿佛让人看到作者抬头看读者纳闷儿的样子，抿嘴笑着，继续低头，不紧不慢地写三十年前正定的人。三十年的光阴如流水，带走了那个人——贾大山。读者终于恍然大悟，这是属于贾大山的正定，同样是属于正定的贾大山。"他的笔下字字不离正定"，只有以故乡为大背景，贾大山的形象才会鲜明生动。

一只猫咪

作家心语：你若肯善待，猫便也知心；你若肯理解，猫便也如人。

我发现自己近来很没出息，因为我总在怀念一只猫咪。

这只猫来我们家的时候，刚满月，遍体纯黑，食欲旺盛，把脸整个埋进去喝牛奶。拳头大的小东西，母的，既娇且霸，对什么都来者不惧。它瞪着我的样子，像一只跳蚤瞪着一匹驴，个头儿实在不成正比。我忍不住咧嘴一笑，它受了刺激，"喵"一声长叫，奔过来就是一个左勾拳，就这样厉害。咬了，抓了，破了，一道一道的血印子，我也不肯打它，一边躲一边笑一边说："我怕你，我怕你，我怕你还不成吗？！"

没有一个人谴责我对它的姑息，也没有什么人主张给它立一个什么样的规矩。所有人都爱看它翘着尾巴呼呼奔跑的样子，像个撒野的丫头，头发在风中翻飞。这样的猫，是天然会被人纵容的吧？实际上，我们所有人都在猜测它长大是什么样子，并且幸灾乐祸：等你长成大猫，当了妈妈，看你还会不会这样野。哈！

后来，如同所有没有预期却发生了的事，它在我们家长到半岁，莫名其妙地死掉了。我下班回来，看到的是一具直挺挺冰凉僵硬的小躯体。死了也就死了，一只宠物而已，徒惹一声叹息。

叹息过后，还是一天一天的好日子。天照样蓝，树照样绿，我照样上班，

153

和同事谈笑风生，就好像这只猫咪从来不曾存在过，当然也就无所谓中途离席。一只猫，而已，而已。

然后，我就见到许多的猫，有的黄有的白有的黑，有的比我们家猫漂亮，有的不如我们家猫美丽，也有些猫颇有些我们家猫当年的威风和气质。以前怎么没注意到呢，就好像它们猛一下子从世界上各个角落钻出来，统统冲我喵喵地叫。哪怕我回到乡下，我娘家也有一只不知道从哪里跑去的猫一边蜷着尾巴睡觉一边等着我的到来。确切地说，它们都是在我的猫死掉之后出现的，而其用心之险恶昭然若揭：它们的出现，统统是为了唤醒我对一只猫的怀念和回忆，就是这个样子。你不要和我争论，就是这个样子。

于是，我的陷落成为必然，我的追忆围绕一只死去的猫徐徐展开，像一长轴的画卷，图穷而匕见。这把匕首的名字，就叫怀念。

见到它们中任何一只，我就会想起：我再也见不到它那黑珍珠样的毛皮了，也没有哪一只猫能把眼睛瞪到那种样子，紧张、戒备、放纵、疑虑，上边的眼线没有了圆润的弧度，像一张弓的弓弦。而且我可以挠摸任何一只偎到我身边来的猫的毛皮，它都会就地仰躺，对我的亲抚表现最大的感激。它可不是。它从来不稀罕我用手抚摩它的任何地方，后背或者肚皮。每当我有这个企图，它就迅雷不及掩耳地出击，搞得我的手上新伤痕间着旧伤痕。我恼了，冲它又打又骂，挥拳示威。它根本不会像别的猫那样识相地夹着尾巴逃跑，离开这个是非之地，更不会忍受被我的大脚踢开。它会为了它的尊严奋起还击，用爪子，用牙齿，一边自己为自己呐喊助威，呜呜不止。再说，它也从来没有请求过我抚摩它。通常，它离我，也离全人类远远的，蹲在角落里或者窗台上，两只猫眼警惕地看着面前这个人影幢幢的世界，不知道它的小脑袋里在想着什么。无论如何，它的立场明确到不可误会：它不稀罕人类，也不稀罕自己被任何人抱在怀里。它觉得自己是只有尊严的猫咪。

然而，这只有尊严的猫咪死掉了，像晴雯，单纯而美丽，诱惑而暴烈。撕扇作乐，拿一丈青戳偷了虾须镯的坠儿的手，病补孔雀裘，然后，年纪轻轻地死去。

我本想着还可以再养一只猫的，结果发现满不是这个样子。它和其他猫相比，是炽烈的五爪朝天椒和温和的灯笼柿子椒的区别；是尖俏的红娘和柔软的崔莺莺的区别；是荡着耳坠子骂贾珍和贾琏，最后自刎的尤三姐和俯首低眉、最后被逼吞生金自逝的尤二姐的区别。想起很久很久以前看到过的一句话："吃惯了酸辣面，谁还会钟情一碗没有滋味的阳春面呢？"

一只猫也可以是不世出的，就像纯美的爱情和青葱激烈的少女时代，好看，霸气，唯一，一旦消失，永不再回。

而我如此没有出息地缅怀一只人样的猫咪，不知道是不是意味着一种情感上的缺失。

点　评

对一只猫咪的怀念亦可以这么美！在作者心中，猫咪已经变成一种符号，或者是某一种人的象征。作者用《红楼梦》里美而烈的晴雯比喻它，还觉得远远不够，继续用了一组对比的排比句：朝天椒和柿子椒，红娘和崔莺莺，尤三姐和尤二姐，来极力渲染这只猫的尊严——活得热气腾腾刚烈过瘾，死亦死得昂头挺胸无比尊严。

开满了"花"的小花园

作家心语： 但凡劳动，总有收获。农民耕作，秋后得粮；教师辛劳，桃李芬芳。

"忙老师"是我小学时的代课老师，快退休了才转正，刚转完正就退休，后来就没听见消息了——直到这次下乡偶遇。

为什么要叫"忙"呢？估计左不过是出生的时候不是忙收秋就是忙收麦。农村人起名字都是随手拈。

这个老头儿个儿小小的，后脑勺上有个大梆子，还是奔儿喽头，像一个鸡蛋前头顶个鸽蛋，后头顶个鸽蛋，那叫一难看。他走起路来还仰着颏，老像是在大白天里数星星，后梆子一顿、一顿的。一到点儿他就迈着小碎步往大槐树底下跑，解下钟绳来敲钟，"当——当——当——"于是下课下课，放学放学。

算了，一回忆就刹不住车。

这回下乡是去搞人口普查的，谁知道一脚踩进他的家。人老了，模样没有大改，尤其那个前奔儿喽后梆子，还跟缀俩鸽蛋似的。

当初他给我们上自然课，孩子们都不怕他，故意念儿歌："鸡蛋鸡蛋壳儿——壳儿——栗凿栗凿凿儿——凿儿——"大家哄的一声笑了，他气白了脸，我们被班主任大骂一顿。

然后，有一天，我们被胖胖的班主任老师带着，去忙老师家，做客。

一处小小的院子，忙老师正忙着夹新篱笆墙呢，见我们去了，拍拍手，笑呵呵地说：“看我的篱笆墙，漂亮不漂亮？”

我们一齐点头：“漂亮，漂亮。”

真的，忙老师夹的篱笆不是随便拿干枯的树枝一捆就算了的，是拿新收下来晒干了的玉米秸秆，一根一根排排站，拿草绳给整整齐齐编起来的，真精致！像绣花！玉米叶还在上面挂着，风一吹窸窸窣窣，好像唱歌。

而且，墙根还种着好大一丛洋姜花！

外面是一大片青青的菜地！

绕着菜地的，还有一条清清的小溪！忙老师说那不是小溪，是小渠，开出来浇地用的。小渠里面铺着细沙，白沙、黑沙，扔块吸铁石进去，转眼就能吸得浑身像刺猬——黑沙里含铁。

忙老师说都进屋吧。

于是都进去了。

以前总觉得忙老师这人怪怪的，凭空想象他的家一定黑咕隆咚像山洞，他就是住在山洞里的黑妖精，结果进屋一看，多么好的阳光啊，透过他们家那种老式到了极点的方格木窗照进去，在对面的屋墙上都映出方方的一块，好像阳光又替他开了一扇窗出来。

我们都喝了他拿枸杞子泡的茶，甜丝丝的。枸杞子哪里来？村外就是大河滩，那里多着哪。星期天的时候，忙老师不是夹篱笆墙，就是拿小篮去摘枸杞子，确实是“忙”啊。

等一等，这是啥？

忙老师屋里那张老旧的八仙桌上，放着一个本子，翻开来，是画，寥寥几笔，极为传神。我看着看着叫出来：“哎呀，这不是二嘎嘛！”真的，看那眼神下眯、嘴角上挑的坏样！“哎呀，那不是你嘛。”旁边的同学也叫起来，一边哈哈大笑，我涨红了脸，使劲打她。画上面真的是我，稀稀拉拉几根头毛，大奔儿喽头盖着眼，我回家路上没少被人家念：“奔儿喽头窝窝眼，吃起饭来拣大碗，不给大碗你就哭，给你大碗你就使劲儿舔……"

看我们喜欢，忙老师笑眯眯搬出一个大箱子，里面全都是这种廉价的白纸本，本子上全都是学生们的画像，不光我们班的，历年历届，全校的学生都有。一张，一张，又一张……

学生们沉默了。我抬头看窗外，怎么刚才没发现，忙老师的院子里，左一盆右一盆的，全都是花啊。指甲花，曼朵花，夹竹桃花，石榴花，这么多花。连他们家的砖墙的檐前滴水瓦，都雕着花。忙老师家是个大花园哪。

安徒生说他小时候有个小木盒，"里面盛了一点土，我种了一根葱和一粒豆。这就是我的开满了花的花园"。忙老师一生贫寒，学校就是他的小木盒，我们就是他种的葱和豆。

现在忙老师已经很老，认不出我了，我的奔儿喽头好像随着岁月增长给磨平了，眼角也有了鱼尾纹。他也快八十岁了吧？大院子明光锃亮，充满阳光，草花还是开得蓬勃旺盛。我没引他怀旧，不知怎的，怕他问："黄毛丫头，这些年，你都干了些什么呀？"那，我又该怎么说呢？说我虚度四十，一无所成？走的时候回头看，忙老师瘦小的身影弯腰在一棵花前，鼻子都快杵进花芯里了——在闻那花香，脑后那个"梆子"还清晰可见。忙老师，你还记得当年那开满了"花"的小花园吗？

★ 点 评

这篇随笔欲扬先抑，先写忙老师前奔儿喽后梆子的形象被孩子们嘲笑，然后接着一笔，逛开了忙老师的小花园：玉米秸秆编成的精致篱笆，铺着细沙的清清小渠，阳光房间，枸杞茶，最打动孩子们的是忙老师画的同学们。作者由老师的花园联想到安徒生的话，联想到我们就是老师种的葱和豆，细心浇灌，爱心呵护。忙老师的爱，经由一个开满"花"的小花园传递给了孩子们。

百花深处

作家心语： 少小时的里弄小巷带着逝去的光阴，只奔流在自己的回忆里。人生有限，乡愁不尽。怀念，伴随永远。

董桥属文，引一位女士的信，说她曾住过的东总布胡同椿柿楼里的花讯："偶尔有点儿不冷不热的雨，庭院里花事便繁：玉簪、茉莉、蜀葵、美人蕉，白白红红，烂漫一片。半庭荒草，得雨之后，高与人齐。草长花艳，也是一番景致，不知足下此刻可有赏花心情？若得高轩过我，当可把酒药栏，一叙契阔。"

引人怀旧。

小时我家住乡村，民生凋敝，高房大屋少，里弄小巷多。以村中央一口甜水井为中心，往外布设着条条小胡同。

天蒙蒙亮，我爹便用一根颤悠悠的枣木扁担，挑两只铁皮桶，扑踏扑踏，步出胡同。胡同口的大槐树衬着天光，是一团阴阴的影。青石砌起的井台被多少代乡民的鞋底磨得锃亮，旁竖木辘轳，辘轳上一圈一圈缠粗麻绳，绳端有铁钩。我爹把它钩住铁桶提系儿往下一悠，再单手拧着辘轳把往下倒，吱呀，吱呀。桶落水面，咚然一声，接着听见咕嘟咕嘟桶喝水的声音。待它喝饱，再双手慢悠悠往上摇，吱呀，吱呀。老槐树上掉下一粒两粒青白的槐花。

我爹挑水前行，身后水迹弯弯曲曲——胡同不直，乡民把土坯房随性而建，东凸一块西凹一块，搞得胡同也东扭一下西扭一下。乡民聚族，当时整个胡同都是"闫"姓。把住胡同东口的是大爷家，大爷的岁数倒是不大，辈分大，喜抽亲手卷的叶子烟，五十余岁即去世。在他去世前一年，大儿子跑到乡里办事，办完事蹲在路旁的石碌碡上抽烟，一辆大卡车卷他进车底，收拾残骸不成人形。大爷一夜老十年。我对他家最鲜明的印象是猪圈，因大爷喜欢蹲在圈沿抽烟，猪对着他哼哼。我背着花格布书包，天天上学放学都能看见。

把住胡同西口的是大娘家，大娘是个寡妇，独力拉扯大了二女一男。大女儿初嫁到外地，珠光宝气，手里攥着花一万多块买的大哥大，好似板砖，数年后早逝。二女儿漂亮，嫁了人后包了金牙，喜吃生炸的饺子，打公骂婆，颇凶悍。儿子天生瘸腿，如今五十岁，动不动问他的老娘："光吃饭不干活，你咋还不死？"我在路上见过他，他唯一的儿子不知何事正蹲监狱，他满脸胡子拉碴。

再进去路东是牲口圈，几间畜栏，无朝无暮地散发着马粪气。路西便是我家，碎砖的墙，土夯的院，院根有如茵的绿苔。小方格的木窗，一个格里贴一张窗花，兰花、抱绣球的猫、小老鼠上灯台，日晒雨淋，是旧旧的黄红。正屋三间，灶屋一间，秋忙时节，大人顾不上我，我就在灶屋的柴火上睡觉。夜晚大人酣眠，我大睁着眼睛，看窗外的大树在窗纸上画出簌簌的活的影，胆战心惊。

胡同是把勺，我们这三家算是勺柄，再往里勺头部分也生活着三户人家。

一户是我的亲叔叔，他家门外有个巨大的青石碾盘，碾盘上有碌碡，碾谷碾麦。七八岁那年，大冬天耍顽皮，我跑到他家的房顶上，两腿奔在房檐，鞋带开了，低头系鞋带。啪！整个人正正地拍在碾盘上，像贴烧饼。我躺了半天，才喘匀一口气，爬起来跌跌撞撞找我娘："娘，娘，我从房上摔下来了！"我娘立马抱我找郎中，老郎中看了看，说没事没事，让孩子躺下缓缓。现在想想，人小骨嫩，且穿着厚棉袄，又避开了大石碌碡，真幸运。

一户是我的堂伯。我对他家的猪圈也是大有印象。他家猪圈是空的，不知道谁扔了一个丝瓜，我奶奶哄我爬下去，拾上来，剁剁当了包子馅。

另一户也是堂伯，他家有个很凶的奶奶，小脚像锥子，下雨走在泥地的院里，一走一个深深小小的坑。有一次好玩叫了一声她的名字，她领着一大家子打上门，要跟我这个五六岁的娃娃算账，说老人的名讳是你这个小狗蚤叫得的吗？

胡同里活的人个顶个烟气腾腾，偏偏胡同里的墙根下，家家内墙四围，土做的庭院边上，栽种着种种的洋姜花、大丽花、指甲花、玉簪花、茉莉花、桃花、杏花、梨花、李花。春暖时节，花事繁盛，给整个胡同都罩上一层百丈红尘撕不破的静。

现在老年人一个两个三个地作了古，青石碾盘莫知所踪，甜水井莫知所踪，陈旧的、雕着花的、不知道哪年哪辈传下来的八仙桌椅莫知所踪，画着猫瓶（一只猫守着一瓶花）的躺柜莫知所踪，提梁的茶壶、手织的棉布、我自己亲手绣的金鱼戏莲的手帕，都已经莫知所踪。那些鲜鲜的，不名贵的，热闹却又超出尘世的花，也莫知所踪。

整条闫姓胡同已经不在，张姓胡同、赵姓胡同、李姓胡同……都已不在。整个村庄搞规划，横三刀竖三刀，刀刀砍得胡同老，且又处处在盖高楼，这时候读汪曾祺的《胡同文化》："有名的胡同三千六，没名的胡同数不清……"就不知道该哭还是该笑。

无数乡村的无数胡同，在世亦无名目，消亡更无名目可资留念，怅惘低回也只属于我这样的中年人，年轻人对于胡同，实实的无印象，连带亦无感情。

"撑着油纸伞，独自彷徨在悠长、悠长又寂寥的雨巷，我希望逢着一个丁香一样的结着愁怨的姑娘。"诗名《雨巷》，其实也不过就是想在长长的下着雨的胡同里逢着一位诗意的姑娘。如今胡同不在，没有槐叶和丁香的芬芳，也看不见撑着油纸伞的结着愁怨的姑娘。这样的诗亦不会再有，文亦不会如春草，更行更远还生。

老巷不在，旧宅不在，花叶不在，天边斜阳和连天的衰草亦不在，改变的不独是人的心态，亦是中国文学的生态。

有句英文这样说："Now sleeps the crimson petal, now the white." 意即"绯红的花瓣和雪白的花瓣如今都睡着了"。董桥又写过一篇《胡同的名字叫百花深处》，文章未见多么风致，篇名却无限婉约。百花凋敝，胡同也湮灭在浩浩光阴，就像花瓣入了睡梦。

★ 点 评

作者以董桥的一段文字入笔，切入旧怀。读者跟随"父亲"担水的身影走入一条弯弯曲曲的闫姓胡同，作者把胡同比作一把勺子，勺柄住着三家，勺头里面也住着三家，家家境遇各不相同，当然还有墙根下的簇簇繁花。随着岁月流逝，人、花、物俱已不在，胡同也已消亡。结尾，作者再引董桥的文字，呼应开头，收束全文，溢出丝丝缕缕的怅惘。

第 **5** 辑

我思故我在

犹太人的格言说："人类一思考，上帝就发笑。"可是上帝一笑再笑，也阻不住人类奔腾的思考。没有思考，又如何确立"我"之为"我"，而不是别人，不是另一个？所以笛卡儿才会理直气壮地宣称："我思故我在。"

总有一些人来不及幸福

作家心语：是的，总有一些人为了追寻理想，来不及享受尘世的幸福。可是那又怎样？追寻理想的过程，难道不是一种幸福？

我不爱看电视，所以不知道陈虻，直到无意间读到一篇文章，叫《陈虻不死》。柴静写的。柴静是央视主持人，这一点我还是知道的。陈虻曾经是她的领导、上司。

昨天和同学吃饭聊天，同学问我平时有什么业余爱好，我有点羞赧。自从入了写作这一行，十多年来，好像就没什么业余不业余的。我基本上没有进过歌厅，从来没有泡过酒吧，只做过一次足疗，美容院门朝哪开还搞不清楚，家里的电视是摆设。茶倒是喝过，酒局也赴过，可几乎没有自己做东，费神张罗过，以至于有一次一个朋友借着酒醉质问我说："你闫老师出了十几本书，有哪一本书是请咱们弟兄喝过一场的？"

同学自然是亲近的，人前人后总是夸我，如今坐在一起，还是夸我。可是，老同学啊，我心里想：为什么你不问问我，快乐不快乐。

起码在五年前，我那时尚不足四十岁，心里想的是，活到四十五岁就好了，千万不要活多。买房置业，养家糊口，赡养父母，真是累得不想活。可是如今孩子长大成人，父母并不向我索取得超过我的能力所限，平素所挣也够生活，而且已经不那么累了，为什么还是不快乐。

仍旧不想活。单位的清洁女工的年仅十七岁的女儿脑出血死亡，我心里却泛起一阵隐秘的欣羡——真好。为什么不是我。

自从不再害怕死亡以来，死亡就成为我欢迎的。世界太大了，每一个人的饥饿都好像是我的饥饿，每一只猫狗的流浪都好像是我无家可归，每一滴血的流淌都好像出自我的身体，每一丝疼痛都好像刀刻在自己的皮肤和肌肉。后来，我经历了婚变，晓得了舌尖似剑，杀人如刀；晓得了精壮男子会对手无寸铁，身穿睡衣，毫无防范的女人痛下狠手；晓得了法官也会收受贿赂，警察也会吃请；晓得了叫天不应，叫地不灵。被杀、被虐、被伤、被害的所有恐惧汇聚成海，把我吞没。

所以，当同学问"你是不是应该写一些反映现实的小说"的时候，我抬头看他一眼，说："为什么？"

是啊，为什么呢？好不容易从现实中跋涉逃离，看见田地平旷，屋舍俨然，不知今夕是何年，为什么要逼着我把不美好的现实锐化，搬到纸上？

所以我是弱者，逃避者。所以我不快乐。

那么莫言就快乐？他的小说是我不喜欢的，太写实了，残酷得让人没处躲。我不信他写这样的东西，他就能够得着快乐。

贾平凹写《废都》也不快乐。

曹雪芹也不快乐。

这个已经去世的，只活了四十七个年头的电视人陈虻也不快乐。

到现在我还记得央视一句广告词："讲述老百姓自己的故事。"是王刚配出来的音，言犹在耳，而这已经是1993年的事了。这是陈虻想出来的词，他第一个提倡把央视高大上的镜头对准老百姓的最真实的喜怒哀乐，而真正的喜与乐又有多少？多的，是哀与怒吧。哀怒伤身，也伤到了他。

所以，柴静回忆说：

"七年前，我赶上时间在东方时空开的最后一个会，时间坐在台上，一声不吭，抽完一根烟，底下一百多号人，鸦雀无声。

"他开口说：'我不幸福。'

"然后说：'陈虻也不幸福。'

"他是说他们俩都在职业上寄托了自己的理想和性命，不能轻松地把职业当成生存之道。"

后来陈虻还对她说过"成功的人不能幸福"，"因为他只能专注一个事，你不能分心，你必须全力以赴工作，不要谋求幸福"。

一下子就明白了。

有一段很普通的话，说幸福就是睡在自家的床上，吃父母做的饭菜，听爱人给你说情话，跟孩子做游戏。一下子明白了为什么我那么不快乐，因为我虽微小，同样专注，虽然逃避，仍旧痛苦。专注于灵魂，生命，写作；痛苦于因为专注，全力以赴，无法谋求幸福。

想起来是个吊诡，想通过写作谋求幸福，却因为专注写作无法求得幸福。也曾想过不写作，可是，好像除了写作，我已经再没别的办法接近灵魂了。

周星驰执导而不出演《西游降魔篇》，他说："我导戏的时候，每个角色每一场戏都亲自演一遍，里面没有我，也全部都是我，我把自己最重要的'灵魂'放在电影里。"这个人已经五十岁了，还专注于拍电影——这是他通往灵魂的最便捷的途径。没有家，没有妻，没有子，他还没有来得及幸福，就已经老了。而陈虻在追寻灵魂的路上，还没来得及老，就死了。这个世界上，总有那么一些人来不及幸福，因为他们都中了一种叫作"寻觅"的毒。寻寻觅觅，冷冷清清，走向尽头，留下一个个淡白的影子，从时间深处的风吹过来，登时散了。

点　评

　　读作者的文字，时常会不由自主地叹息一声的。是的，陈虻不快乐，莫言、陈忠实、曹雪芹或许也不快乐，周星驰也不快乐，作者也不快乐，因为他们都中了一种叫作"寻觅"的毒。作者就是有这样一种能力，能细细拂去生活尘沙，捧出那颗被大浪淘洗得晶莹剔透的珍珠，给读者赏玩。文字就得有这样的魅力：感染了自己，再去轻轻地撞击别人，共鸣轰然而生。

苦难有什么了不起

作家心语：也许我们的日子过得有点苦，有点难，可是苦难是什么？又有什么了不起的？

上学时，听老师讲说这个人经受了很多苦难，那个人经受了很多苦难，觉得这些人好可怜。如今却觉得，这种"经受了很多苦难"的说法，好粗暴。

我爷爷去世早，奶奶带着我八岁的父亲和六岁的叔叔过日子，踮着三寸金莲样的小脚操持家务，下地务农，给这个家里挣盐挣米。我买小人书的钱是奶奶用织的布换回来的，晚上奶奶和别的老婆儿们会下地窖子，就着昏暗的油灯嗡嗡地纺线，胳膊扬起来，扬起来，线也就从棉花条里吐出来，吐出来，渐渐缠满锭子，像个饱鼓鼓的桃子。满墙都是晃动的巨大的人影，说话的声音低而柔和。不知什么时候我就靠在奶奶身上睡着了，再醒来的时候正一摇一晃地趴在小脚奶奶的背上往家走呢，天上星星一眨一眨的。于是我会说普天下所有小孩都会说的傻话，我说："奶奶，等我大了我好好孝顺你，给你买槽子糕吃。"奶奶就笑，幸福地说："好，好啊。"

后来，我读高中，奶奶的头发成灰白的了，穿着粗蓝布的大襟褂子，有了破洞的肩上衬着托肩。我看见别的老婆儿们一头银丝就会想，我奶奶要是也老到头发白完了，我大概也就能挣上钱了，就能给我奶奶买槽子糕了。高二的一天，我正在教室学习，村里来人接我回去，说奶奶病了。进村，我看见门上的白对联，进门，看见爹和叔叔穿着大孝，听见里面一阵阵的号哭。然后我进屋，看见我深爱的奶奶躺在那里，蒙着白布蒙单——我奶奶的头发还没来得及白完呢。

——她也没有吃到我挣钱买的槽子糕。

我若写传，满有资格替她写下"她的人生历经苦难"，你看她孤身一人，拼尽全力才撑起一个贫穷的家庭，且又没有享到儿孙的福分。可是她和老婆儿们一起纺线的时候，说话聊天，开开心心地讲鬼故事，一起发出"喔？呜，啊！"的怪声音；大家一起凑钱"打平伙儿"买东西吃，她又把炒过的花生擀成细面儿，一点一点用小勺挖进没牙的嘴里，脸上挂着满足的笑。她喜欢采木耳，下细雨的时候，端个小碗，翻木头，把生出来的小黑木耳一朵一朵摘下来炒菜吃，她的脸上也是笑着的——东一朵西一朵，她的生活里到处开着她喜欢的花。她的日子过得无非苦一点，难一点，可是"苦难"这个词，有资格在她的人生里停驻吗？

这个世界上，外人看来正在经历悲惨人生的人很多很多，但是很少有谁肯承认说"我正在经历苦难"，他们只会说："好难啊。日子好难过。"或者说："日子太苦了。""苦难"这么严重的词落实在日常生活里，也不过就是柴米油盐、得不到与已失去，而这些又有什么稀罕的？

时光把庸常生活消解，然后在它的土壤上种植出莫名的诗意。甚至是过往的柴米油盐，好像也散发着一种神性的光，过去的柴比如今的亮，过去的米比如今的香。

——我们总是在有意无意地神化或者妖化或者苦难化历史和历史中的一个一个曾经活生生的人。

而事实上，苦，哭一场就好了，难，熬过去就好了，有什么大不了的？股神巴菲特不苦吗？比尔·盖茨不难吗？这一刻是富翁，下一刻也许就破产。周星驰不苦不难吗？一个削尖脑袋奋斗大半生的，已经五十岁的，差不多已经笑不动的，没有妻、没有子、没有家的老光棍。一个叫柴静的记者采访他的时候，他反反复复地说："我运气不好。"曹雪芹不苦吗？老舍不难吗？杜甫不苦吗？路遥不难吗？李清照不苦吗？白居易不难吗？苏东坡不苦吗？王安石不难吗？可是，他们的笔下，谁又没有写过那些轻倩摇动的好时光？他们不是咬着牙齿忍受生活，而是真的在享受着沉重的生活缝隙中漏出来的一点点欢乐。杜甫不独会写"布衾多年冷似铁，娇儿恶卧踏里裂"，也会写"黄四娘家花满蹊，千朵万朵压枝低"；苏东坡不但会蹲大牢、下监狱，也会贬官去职后，还有闲心半夜起身，叫上朋友一起欣赏藻月中庭的一点竹影子："何夜无月？何处无竹柏？但少闲人如吾两人者耳。"

每个人都在活，每个人都曾有过漫长黑夜里的悲哀、无助，然而依旧咬牙坚持，灵魂脆弱而又坚韧。也许我们的日子过得有点苦，有点难，可是苦难是什么？又有什么了不起的？

★ 点 评

大自然的一草一木、风霜雨雪皆可入文，生活中的一点一滴、悲欢离合都值得演绎。本文便是非常凉月版的"苦难"演绎，奶奶苦难的一生，却又到处开着她喜欢的花。世人皆苦，但是每个人又都有能力享受生活缝隙中漏出来的点点欢乐，或是花香或是竹影或是明月。读罢本文，细细品味自己的生活，一点一滴，可不可以加一些知识积累，融一些顿悟情感，发一些联想想象，连缀成篇篇美文呢？

你奔跑不奔跑，上帝都不在乎

作家心语： 你勤奋不勤奋、努力不努力、上进不上进，上帝都是不在乎的。他在乎的，只是你快乐不快乐。

在书上看到一句话，说："上帝只偏爱奔跑者。"因为奔跑者肯上进，因为奔跑才能成功。

的确，好像成功的都是在人生长途上奔跑不辍的人，起码按照我们的世界通用的标准来说，他们是成功了——住大房子，开漂亮的车，吃昂贵的法式大餐，出入前呼后拥。我就见过一个大老板，他一边走路，手下一边给他在前边铺红色的地毯，地毯一路延伸。

可是，他们心里的滋味是怎么样的，跟你说过吗？

周星驰从一个"死跑龙套的"，做到了一代笑匠宗师，他主演的电影让人笑中下泪，泪中又破颜而笑；他导演的电影也起到同样的效果。可是他面对记者采访的时候，却反复地说："我运气不好。"当你不知道他是谁，只看他的眼睛，你很容易就会觉得，这个人是真的运气不好。他的眼睛不是颓丧，是一种很深的，静水流深那样的安静的绝望。他说假如他可以重来，就不要再那么忙，要"干我喜欢干的事情"，可是这一生哪来的那种假如呢？于是他忙着忙着，就只剩下一个人了——没有家庭，没有妻子，没有儿女，孑然一身；拍着让人笑的电影，然后静着一双眼睛，说："我运气不好。"

——跑着跑着，他把幸福给跑丢了。

如果有两个小孩，一个快乐地在后院里玩泥巴，一边念着颠三倒四、不知所云的儿歌；一个在前庭里辛苦且痛苦地奔跑，你更想要你的小孩做哪一个？一个辛勤打鱼的渔夫，和一个在树荫里躺着睡大觉的渔夫，你怎么知道上帝更喜欢哪个？假如这个辛勤打鱼的渔夫一边挥汗如雨一边快乐地哼歌，无疑，他是深得偏爱的，因为他从工作中获得快乐。假如他一边挥汗如雨一边咒骂命运，你以为上帝会喜欢一个装满黑色毒药的瓶？

所以，谁快乐、谁平静、谁自由、谁幸福，谁就是那深得偏爱的。相信我，你奔跑不奔跑，上帝根本不在乎。他在乎的是你行走或者奔跑的时候，是不是哼着歌。

外国的街头，一个小女孩向一个街头拉琴卖艺的艺人的帽子里丢了一枚硬币，然后他开始演奏；然后，另一个演奏者出现，坐在旁边一把椅子上，拉起他的大提琴；然后，又两三个出现，小提琴也来了，贝斯也来了；然后，各种各样的乐器都来了；然后，架子鼓也来了；然后，乐队指挥也出现了。刚开始低沉的琴音被激昂而配合默契的贝多芬《第九交响曲》代替，响遍全场，观众从开始的少到多，从迷茫到激昂，从观看到投入，到最后大家放声歌唱。

看啊，这么多的街头天使。我没有话讲。

他们的身体里，全都涌动着上帝的灵魂。他说："来啊，来吧，我们一起唱，我们一起笑。"

而我，真就隔着小小的屏幕，一点一点地，绽放出一个大大的笑。而之前我是在写作，在赶稿，在人生的道路上奔跑。我觉得这是一件大事，马虎不得，却忘了问问自己快乐不快乐。

一个奶酪小店被好莱坞电影导演发现，将它作为拍摄地。店主却依旧像从前一样，跟所有走进他店里的大学生打招呼："Hi，马修的奶酪是马修亲手做的哦。"虽然现在买马修奶酪的人排了很长的队，但马修却说："我只是一个热爱做奶酪的人，埋头干活，远离麻烦。"他甚至拒绝了家乐福、欧尚这样的大型连锁超市的配货订单。

"我们在这儿非常快乐，我对现在拥有的一切感到非常满意。够了。"他说，"我并不富有。但钱对我就像甜布丁，多了会毁掉我的牙齿。"

他看明白了，上帝才不会惩罚不肯奔跑但是快乐的人呢。

现下，中国人的普遍的心理状态就是不安。我们不安，所以我们会怎么做都不对，当再大的官也不开心，赚再多的钱也不开心，有多少人陪伴也不开心。因为你的心不在这里。你没有心。

心不认美酒佳肴，认妈妈做的粗茶淡饭；不认宝马香车，认有情饮水饱；不认高位，认忙时种花，闲时卧草。它认纯净的眼神和固执而良善的坚守。所以，也许不必斗智斗勇，不必奋勇争先，不必觥筹交错中频把流年换。哪怕我们这代人注定被物质勾引得牺牲心灵，每个人的坚守也都显得悖晦难明，可是只要你肯听从心声，哪怕四处漂泊，当下也得快乐与安宁。

——上帝偏爱你这样的人。

★ 点 评

生活随笔来自生活。我们每天都在主动或者被动地接受信息，我们读书看电视搜网页，美文、佳句、八卦、实事扑面而来，我们行走路上，花开云散、人车涌动，世间万象在眼前来来去去。我们要做的就是捕捉，捕捉令我们内心怦然一动的那些新闻、那些场景、那一句话，然后静下心来，感受它们，并且用文字把它们用自己的心灵感悟穿起来，就是一篇引人深思的佳作。

海上升明月，明月照花林

作家心语： "我"不在了，附丽于"我"身上的这些东西，都不再构成扰乱和威胁。于是，无牵无挂，自由自在，一心如月。海上升明月，明月照花林。

大概前天晚上，我下了班，回家。可能吃过简单的晚饭：一碗黑米粥、一个或者两个小面包，也可能没有吃过。总之，餐桌边是干净的，我坐在那里，灯光从头顶上洒下来。没有开电视，也没有放歌听。很安静。猫跳到我腿上，蜷伏着。我一只胳膊支着脑袋，另一只胳膊把手搭在桌沿上，猫就把脑袋稍抬起来一点点，搁在我悬垂下来的臂弯。我们两个都不说话。

好安静。

时间像水。

一寸一寸地淌过去。

就为这一刻，好像一年的促迫忙乱都有了价值。

前阵子出差去北京，两天行程安排得水泄不进，夜里十一点还在和同人开会。那么大一个城，顾不上看看北海、颐和园、故宫。坐在回程的车上，沿路见一个地方栏杆逶迤，桥带如虹，冻树瘦枝虬曲，映着苍色的天空。那一刻心"倏"地飞出去，在树梢转了一圈。不看也似看了，一霎抵得数日。觉得来得值。

值，约略是这么一种意思：过去登高位，如今跌尘埃。年年世味厚，而今世味薄。可是小楼一夜听春雨，天明犹闻深巷卖杏花。这一刻抵得过数十载沉李浮瓜。

也约略是这么一种意思：天天受饥寒，日日被逼迫，风卷屋上三重茅，夜来风雨侵薄被，可是盼到天明，风晴日暖，黄四娘家花满蹊，千朵万朵压枝低。一路只管漫步走去，眼前又见留连戏蝶时时舞，自在娇莺恰恰啼。这一刻抵得过数十载命薄运蹇。

也约略是这么一种意思：奔跑着，跑累了，停下来，喘粗气，抬起头，鼻尖掠过一阵微风，似有所觉，似无所觉。可是身体的一个什么开关好像被打开了，那一刻，觉得天也在，地也在，云也在，风也在，原来一切都在。这一刻抵得过千里万里，挥汗如雨。

看电影，不独看情节，更像读书的勾勾画画，给一个个精彩镜头做眉批：

前几天终于看了《2046》，王家卫导演的，情节跳得厉害，一个一个的人物登场，刘嘉玲好像扮演一个舞女，粗着喉咙，那样深痛到刻骨的哭泣；那种忧郁绝望的眼神，走投无路，心被烧得一点点焦黑、卷曲，疼得要死。

还有《全民目击》，孙红雷扮演一个处心积虑搭救犯罪的女儿的父亲。他事业有成，心思深沉细腻，一步步的援救都不成，最后他要把自己献祭出去，让法官以为犯罪的是自己。要上法庭了，镜头从下朝上，照见他的一只手一张，然后猛地一握，拔步走去。决心不在豪言壮语，不在起步又踟蹰。一张又一合的手，说明了一切。

又看了马龙·白兰度主演的老片子《教父》。一个说话含混不清、看上去完全温和无害的老头子。他被谋杀，受重伤卧床，小儿子替他报仇之后避祸远走，大儿子被仇杀。他立即从病床上爬起来，召开全黑帮老大的会议，声明不追究所有的事，只有一个条件，让小儿子平安归来——他拥抱了指使人杀他大儿子的人。然后，他站起来，一瞬间杀气爆棚，阴狠气质暴露无疑。他说："我是一个小心眼儿的人，如果我的小儿子不能平安归来，哪怕是得了病，或者是死于意外，我都会把罪过归于在座的所有人。"就冲这一个镜头，这一个面部表情，他是当之无愧的影帝大人。

还是老片子，梅尔·吉布森主演的《轰天炮》第一部。他饰演的警察一边喝酒一边把玩手枪，然后把手枪顶在额头上，想了想又顶在喉咙里。镜头移到他的脸，他的眼睛。就是他的眼睛，我看着看着，就哭了。那么深、那么深的绝望。他的妻子死了十年，他无法自拔，一直怀念。

看了这些，觉得看似浪费的时间不曾浪费。

你说，人活着有什么意思？钱太多，钱就变得没有价值；位太显，位就变得没有价值；日子太多，日子就变得没有价值；工作太忙碌，工作就变得没有价值。不是，不是。这些不是真的没有价值，只是显得没有价值。到手的东西，永远不如未到手和无法到手的东西。比如时间，比如清风明月，比如卖花声，比如这一刻、那一刻看到的东西，却又转瞬消逝。比如忙乱一年，恰得宁静，猫却只肯偎我片刻，又起身跳开。我却愿为这片刻宁静，再起身忙乱一年。

因为我得了圆满。

而所谓的圆满，也许就是从心里把自己倒了出去，不再去忧虑，去想念，去忧愤，去向往，去恐惧，去希望。"我"不在了，附丽于"我"身上的这些东西，都不再构成扰乱和威胁。于是，无牵无挂，自由自在，一心如月。海上升明月，明月照花林。

★ 点 评

仍然是关于"捕捉"对于写作的创新意义，对于写作者来说，捕捉用的不是手，而是心。猫把脑袋搁在我悬垂下来的臂弯，我心宁静；北京回程心享美景，值，然后用三个排比段子铺陈这个"值"字。作者继续捕捉影片中的镜头，四部影片四个镜头次次震撼，一点点堆积出了"圆满"的感觉。这是心的感觉，写作玩的不仅仅是文字技巧，更多的是心的捕捉、意的演绎。

金石铜鼎碎砖声

> **作家心语：**写文章的时候，长短句间杂些，好比音律的
> 长长短短，叮叮咚咚，读起来也悦耳一点。

启功先生的《汉语现象论丛》一书里引了一段翻译外国语句而来的句型：
"我正在那张上边堆满书籍笔砚下边放着破烂箱子三条腿整齐一条腿残缺用碎
砖支着桌面倾斜成三十度的旧书案上写字。"

这句话如果用古龙式的语调来写，大概就是这样：

"旧书案。

桌面倾斜成三十度的旧书案。

碎砖支着旧书案的桌面。

三条腿整齐。

一条腿残缺。

下边放着破烂箱子。

上边堆满书籍笔砚。

我，正在，那张，旧书案上，写字。"

如果用金庸式的语调来写，大概就是这样：

"这是一张残旧的，上面堆满书籍笔砚，下边放着破烂箱子，三条腿整
齐，一条腿残缺，碎砖支着倾斜成三十度的桌面的旧书案，而我，正在那张旧
书案上写字。"

如果用董桥的语调来写，就是这样：

"那张旧书桌三条腿整齐，一条腿残缺，用碎砖支着，桌面倾斜成三十度，堆满书籍笔砚，下面放着破烂箱子。我正在那张旧书桌上写字。"

金庸的书读来一向庄重，以长句为胜，但不会长到教人一口气上不来有憋死的危险；古龙的书读来一向跳跃，以短句为胜，这个短有时候就短得教人有一种一跳一跳的感觉，若不熟悉，便不习惯。董桥的这句话引自他的原文，这是一个讲究遣词造句的人，他自言："这样的句式掷地虽然不作金石声，起码作铜鼎声，比碎砖声悦耳两三分。"

这话说得不错。句子也有声响，看你怎么敲它。"日暮苍山远，天寒白屋贫。柴门闻犬吠，风雪夜归人。"二十个字白描出一幅画，若是详叙出来，就是一番热闹的笔墨官司：

"天，已经黑了，视线已经模糊不清，远处的苍青的山看上去愈来愈远。寒冷的天气里，一无装饰的屋子透露着贫穷的气息。忽然从简陋的柴门里传出来声声犬吠，原来在这个风雪之夜，出门在外的家人回来了。"这大约算是普通的表述了。

若是这样写呢：

"天。黑的天。越来越黑的天。山。苍的山。越来越远的苍青的山。天气严寒。没有修饰的屋子透露出一股贫贱之气。柴荆编织的门。门里忽然传出狗叫声。风大。雪紧。深夜归人。"这又是另一股味道，透着一种阴森，好像武侠世界里厮杀争斗就要上演前的短暂宁静。

若是这样写：

"天越来越黑，暮色低垂。明明近在眼前的苍青色的山峦竟然也像是越来越远。天气如此寒冷，越发显得没有丝毫修饰的房屋贫穷到寒酸；而粗陋的木柴编就的柴扉歪七扭八，象征性地掩在门前，好像更是在无言地倾诉着这家人的辛酸。万籁俱寂，屋里只有一圈豆大的光晕，在浓重的夜色里好像在等待着什么，孤零零的。就在此时，忽然，院里的狗拼命地叫起来，声音里透着欢悦。屋里人听到了响动，赶紧披衣出来。啊，原来是出门在外讨生活的家里人回来了。"这样写好像是把这首诗抻长了，加进了情节和想象，让整首诗都透着一股家常的温暖和丰满。

这就是文字的力量。

短句固然可以一个字两个字地短起来，而长句绝不可过长，比如这样："一座没有经过丝毫修饰的毫不掩饰地透露着贫寒的房屋坐落在在越来越黑的天色下近在眼前的苍青色的山峦也显得渺远的寒冷天气里，出门在外讨生活的人随着一声声犬吠传出来的紧闭的柴扉'吱呀'一声响起走了进来。"读起来只觉作者该打。

所以说，写文章的时候，长短句间杂些，好比音律的长长短短，叮叮咚咚，读起来也悦耳一点。最恨短到不停地短，让人读得一直在一跳、一跳、一跳，没个歇没个缓；长到不间歇地长，长，长。

好的句子像撒一把大小珠子，掷地可作珍珠声、金石声，纵使不能作珍珠金石声，也可作铜鼎铁锅声，断不可作碎砖烂瓦声，白糟蹋了作者的好意思。

★ 点 评

一种意思的不同说法，营造出不同的风格、不同的气质。作者举了两个例子：其一"我在……写字"，其二古诗《逢雪宿芙蓉山主人》。每一个例句演绎出几种不同的写法，句子或短或长，思维或连贯或跳跃，都给读者留下直观而贴切的印象，胜过汉语理论写作原则的宣讲。我们不妨试一试，找一个句子，换各种风格长句短句都可，写出来，比较鉴赏。文字还是很值得玩赏的，玩赏中，驾驭它们的能力就提高了。

鳖宝

作家心语： 写文章既要有才气，又要肯拼命。有才气的人多，肯拼命的人少，所以古往今来，能写好文章的人亦少。

王勃不是富贵相，看相人言其表面神秀，内里空虚，就如贾母说宝玉，这孩子外头好，里头弱。果然，一支笔生花朵朵，也挡不住渐次矮下去的生命之火。外人只知其笔力千钧，一篇花团锦簇《滕王阁》，落霞与孤鹜齐飞，却不知一条命马上就要秋水共长天一色。虽然他是因落水受惊吓而死，但一吓而病，一病而死，也说明其底子本就虚弱。

写文章的人寿不永者很多——写文章从来不是给生命锦上添花的事，倒是因风吹火，一点焰在风里摇摇烁烁，闪，闪，闪；跳，跳，跳；暗，暗，暗，灭了！

王勃写文章好比一汪碧水上漂浮片片碧桃花，随手拈一片即可映云霞。还有人比他更惨些，水底有珠玉，他自己要做那采玉的老父，拼命往深里去，淹死拉倒，比如李贺。"诗鬼"行次郊外，锦囊随手，苦吟一二句，辄写毕投入锦囊中。晚间阿母灯下整理，心痛不止："我儿是呕出心血来写诗。"我若是其母，必力阻其如此，因殚精竭虑不是养生之道。果然，李贺二十六岁即亡。

人少有才名，皆因与世不偕，痛中作声，因此方能警人。若是此后能渐渐学得豁达、圆滑、糊涂、忍耐，不论文名大小，大约也能混个长寿的命。最怕是不肯妥协，笔头蘸血，血尽之日，就是人死之时——可怜死的多是少年才俊，这个名单可以拉出长长的一大串：爱伦·坡、莱蒙托夫、裴多菲、诺瓦利斯、拜伦、普希金、叶赛宁、海子、纳兰性德、萧红……

怪不得《林斤澜说》里，作者会发问："作为作家，萧军、端木蕻良、骆宾基活到八十好几，但有多少杰作流芳？萧红三十一岁，一部《呼兰河传》石破天惊，抒情牧歌，奇美惊世，像是灿烂的星星，悬挂在文学的夜空，永永远远，这是为什么？！"

谁能说得出为什么。

读清代俞樾《右台仙馆笔记》，有奇闻逸事一则：

大儿妇樊氏言：其家庖人治一鳖，已以箸夹其头，将断之，忽其尾间又出一物如头然。庖人诧曰："岂此鳖有两头欤？"强纳入之，复以箸夹其头，头出而尾间物亦出。庖人大怪之，乃曰："吾熟尔于釜中，看尔有何怪异！"及熟而剖之，则中有一人焉，其状如老翁，须眉宛然，头戴风帽，身披氅衣，但不见其足耳。仆媪辈传观之，儿妇时尚幼，亦取视焉。虽已干腊，尚可把玩。或语庖人曰："此鳖宝也，生得而畜之，则可以尽得天下之宝矣。"庖人乃大悔。

读纪昀《阅微草堂笔记》，又载《鳖宝》一则：

四川藩司张公宝南，先祖母从弟也。其太夫人喜鳖臛，一日庖人得巨鳖，甫断其首，有小人长四五寸自颈突出，绕鳖而走。庖人大骇仆地，众救之苏，小人已不知所往，及剖鳖，乃仍在鳖腹中，已死矣。先祖母曾取视之。先母时尚幼，亦在旁目睹。装饰如《职贡图》中回回状，帽黄色，褶蓝色，带红色，靴黑色，皆纹理分明如绘，面目手足，亦皆如刻画。馆师岑生识之，曰："此名鳖宝，生得之，剖臂纳肉中，则啖人血以生。人臂有此宝，则地中金银珠玉之类，隔土皆可见。血尽而死，子孙又剖臂纳之，可以世世富。"疱人闻之，大懊悔，每一念及，辄自批其颊。外祖母曹太夫人曰："据岑师所云，是以命博财也，人肯以命博财，则其计多矣，何必剖臂养鳖。"疱人终不悟，竟自恨而卒。

作文章也就是臂里安鳖宝，要得才，须拿命来博。这些早逝才俊如治厨之疱人，生得鳖宝，剖臂纳之，任其食血而生，以求目视生命暗处的金银。血尽之日即命丧之时，若问其悔不悔也，千古一谜，神仙也不知道。

★ **点 评**

《金石铜鼎碎砖声》写的是文字的质感、文字的风格，这一篇论的却是写作的本质。要想目视生命暗处的金银，须得鳖宝用血来喂养它，所以写作者不长寿的很多。且不提这个论断是否科学，读者只需问自己一个问题：为了写一篇好文章，愿不愿意为之殚精竭虑？

啰啰唆唆说啰唆

作家心语： 行文忌啰唆，可是很多人仍旧不自觉地啰唆，唯恐人家看不懂。犯这个毛病的作者，是把读者看低了。读者的本事大，能从无字里读出字，无话里读出话。所以，还是笔下积德，少啰唆。

读小说，瞪俩眼观摩一个小时，满满两大页，四千来字，到最后只总结出四个字：我上楼了。

我家乡有个作家叫贾大山，是个睿智的人。20世纪80年代，文学界流行意识流，他在北京文讲所学习，结业的时候，全班开讨论会，他说本人最近研究意识流小说颇有心得，也试写了一篇，读给大家听一听，以求指教。小说的内容是描写一个水利工地上开学大寨动员大会的场面：

"草帽句号草帽句号麦秆儿编句号藤编句号白色的草帽句号黄色的草帽句号新的草帽句号半新半旧的草帽句号破了檐儿落了顶儿的草帽句号写了农业学大寨的字和没写农业学大寨的字的草帽句号……"

大家哄堂大笑，他还在那里津津有味地"句号句号句号"。

所以说啰唆这种东西，是挺让人无语的。

小时候听笑话，说古时一个老夫子，南山集上去买驴，买驴要立字据，一个字据已经密密麻麻写了三张纸，三皇五帝都搬出来啦，仁义礼智信也啰唆了个遍，居然还没主角什么事，翻遍字据也找不见一个"驴"字。

黄昇《花庵词选》也有一则逸事："秦少游自会稽入京，见东坡。……（东坡）问别作何词，秦举"小楼连苑横空，下窥绣毂雕鞍骤"。坡云："十三字，只说得一个人骑马楼前过。"这个和"逸马毙犬于道"的典故有异曲同工之妙。燕山雪花大如席，席片大的雪花里包的也不过是一粒微尘的核子。再说了，哪里有那么多的燕山雪花大如席，多的是那种遮天蔽日的破布片子。

当然也有看似啰唆实则精妙的，比如一首老僧诗："一个孤僧独自归，关门闭户掩柴扉。半夜三更子时分，杜鹃谢豹子规啼。"表面看来叠叠重重叠复重，完全可以换算成数学公式来搞定：孤＝独，关门＝闭户＝掩扉，半夜＝三更＝子时，杜鹃＝谢豹＝子规，可是再深想想，孤僧哪里来？为何独自流落在这无人的荒野？他经历过什么？心里可曾牵念过谁？如今又活出怎么个意思？没有人知道，天也不知地也不知，读它的人肝肠都想断了，诗里的孤僧却早已沉酣好睡。好诗。

所以说，字丰而意简，谓之啰唆，作者把意思都表达个净光啦，一点余味也无，读它如嚼甘蔗渣子，忙不迭呸呸唾弃；若是兵行险着，打着啰唆的幌子，却是字丰而意也丰，意象涵容大过字数的涵容，那就不叫啰唆，叫水平。啰唆的文字好比是砖砌墙，块块的砖都是一个模样，那些看似啰唆实则不啰唆的文字则是叶子，貌相似而生在一棵树上，一阵微风，一枝微动，百叶齐摇，明眸流转，互为顾盼，绿，活，美，漂亮。

纪晓岚的咏雪诗大概也是这样："一片两片三四片，五片六片七八片，九片十片千万片，飞入芦花皆不见。"前面九十九步都似白给，最后一步让你平地登天。能把啰唆做成山重水复，再将尾句做一个柳暗花明，这样的诗好比一条白蛇修成了精，才有资格袅袅娜娜步过花丛。

张鷟，唐高宗时代大才子。他写过一篇《游仙窟》，大意是"仆"（即'我'）误入深山，夜宿仙窟，勾引美女崔十娘，崔十娘本来藏在深闺，结果禁不住他又诗又文地缠，略掀帘帐，露粉脸半张，结果这家伙一下子酥麻了全身："敛笑偷残靥，含羞露半唇，一眉犹巨耐，双眼定伤人。"这一叶眉，半点唇，敛起的笑，含羞的貌，半张脸的效果真是一等一的好——文字如美人，也要讲究一个含蓄，粉脸半张给人看，半张让人想。

所以，若有这个本事，有这个天分，点石点铁都能，那就尽管啰唆去，只要最后能成金就行，若是没有，那就安分些，笔下积德，少啰唆。

点　评

本文文题就有些趣味，有些调侃之意。啰唆到底要得还是要不得呢？这个没有绝对的答案，要看写作者本事如何。一味的啰唆自然是要不得，但如果在层层叠叠的山重水复之后，忽然瞥见一抹柳暗花明，便是水平了。我们静心去体味作者给的几个例子，如果能体味到啰唆的味同嚼蜡，继而体味到啰唆后点石成金的韵味飘摇，就会告别啰唆，尽量做到言简而意丰。

用词不是一件随心所欲的事

作家心语：行文如行军，用词如调兵，排字如排阵，万万不可掉以轻心。

一篇文章写一个名主播和父亲的故事。名主播自从上了央视，就开始飘飘然。父亲给他提忠告："你现在进入了万众瞩目的中央电视台工作，有些知名度了，但……千万不要太自以为是。"

"万众瞩目"这个词用得好——这个父亲的文化水平高。

但是下一个细节害得我眼镜险些跌掉：父亲拿出一个日记本，"上面写着歪歪扭扭的几行字"，全是给他在电视上的表现挑刺——刺挑得如何不必说，这个"歪歪扭扭"，真是扎在锦绣文章里的一根刺。

一般来讲，能说得出"万众瞩目"，也就写得出一手不那么"歪歪扭扭"的字。写一手"歪歪扭扭"的字，大概也说不来"万众瞩目"这样的词，一个父亲的身份就这样被这两个词给生生撕裂。

用词绝对不是一件随心所欲的事。你可以为了达到效果，把父亲设置成一个有文化的形象，那么，只要把下面那个"歪歪扭扭"去掉就可以；你也可以为了达到效果，把父亲设置成一个不太有文化的形象，那么，只要把"万众瞩目"改成通俗化的口语形式就可以。这两个词几呈水火不容之势，若强扭在一起，就如宝玉所说，堂堂一个贾府，金妆玉砌，朱楼画栋最合适，贸然出来一座乡居，几畦稻田，"远无邻村，近不负郭，背山山无脉，临水水无源，高无隐寺之塔，下无通市之桥，峭然孤出，似非大观"。

再说得难听些，说得出"万众瞩目"的词的人，写一手"歪歪扭扭"的字，就如白衣胜雪的贵公子娶个瘸腿肿脸的女丐为妻，或林黛玉嫁给膀大腰圆的李逵，甚或如姜昆和李文华合说的相声《如此照相》里，让七八十岁的老大娘扛红缨枪，摆一个"大娘银枪刺青天"的姿势——这不是搭配不搭配的问题，根本就是活活糟蹋掉两个好词，生活的真面目也被无情消解，再郑重其事也有一股怪诞气息。

读梁斌《红旗谱》，多么老的书啊，通篇土腥味。里面写穷人反割头税：

（老驴头）急忙穿上棉袄，转过身来对大贵说："咱也赞成你们这个反割头税了！"

大贵说："当然要反他们，房税地捐拿够了，又要割头税。他们吃肉，就不叫咱喝点肉汤！"

老驴头说："那我可知道，就说冯老兰吧，他一天吃一顿饺子，吃咸菜还泡着半碗香油。"

这样的话，就只有这些吃糠咽菜的穷老百姓说得出来，如同穿了多年的衣服，磨得露出经纬，拿给说这话的人穿，却最熨帖，最舒适。

回头再看鲁迅先生的《孔乙己》，越发处处见出精妙：孔乙己着一袭破长衫，用长指甲敲着柜台，教小伙计"茴"字的四种写法——非读书不着长衫，非落魄则长衫不破；不事耕作，才会养得指甲长长；把没用的东西记一肚皮，他不迂腐谁迂腐，他不落魄谁落魄？

可见字里行间确实不易讨生活，漫说古今中外处处皆是触目惊心的筋斗，就这两个小小的词，一不留神，就会绊得你如同入了盘丝洞的猪八戒，左边一跌，右边一跌。

★★★ 点 评

　　本文看似是在说写作中用词的艺术，实则不仅仅是语言层面的问题，更要站在立意和形象塑造的角度来看待。作文不厌百回改，随心所欲写出来的词儿，就需要在修改的过程中反复咀嚼，力求一字一句一段都要为主题服务，为塑造人物形象服务。

奋斗是一种生存本能和灵魂饥渴

> **作家心语：**人的一生，就是奋斗的过程，迈过一段行程，又开启一段行程。

一个渔夫不去撒网，却躺在树荫下睡大觉。有人看不过去，问他："你为什么不去捕鱼呢？"他反问："捕鱼干什么？""卖钱呀。""卖钱干什么？""卖钱买新渔网，打更多的鱼，卖更多的钱。""要更多的钱干什么？""等你有了更多的钱，你就可以什么也不干，躺在树荫下睡大觉啦。"渔夫说："那你以为我现在在干什么？"

这里的两个人，代表两种不同的生活态度。

这个好心劝渔夫的人，和我们所有生命不息、奋斗不止，永远在征途上跋涉的人的想法是一样的：我们现今的吃糠咽菜为的是以后饱食暖衣，我们现今的头悬梁锥刺股为的是以后衣锦荣归，我们现今的挥汗如雨为的是以后的抱着小茶壶喝茶，就着猪头肉吃大饼。所有一切，都在渺茫但可以预期的未来。——"有朝一日，等老子有了钱，想吃烧饼吃烧饼，想吃油条吃油条，豆浆买两碗，喝一碗，倒一碗！"也就是说，我们把所有现今艳羡而不可企及的人生享受都作为有钱之后理所应得并且受之无愧的利息。它像在驴鼻子上挂的胡萝卜，引诱着我们一步步咬牙苦撑，挣向不可知的未来。

而这个被劝的渔夫，是把未来提前过，把目标当成了正在享受的结局。不过，这种结局初看似十分有道理，但却经过了删繁就简、刨根去底，成了无本之木，无源之水。感觉这个人有点像孔门弟子里的贤人颜回，所谓"一箪食，一瓢饮，在陋巷，人不堪其忧，回也不改其乐"。但是颜回因为生活困窘，营养不够，年纪轻轻就死掉了。这个渔夫应当也不免于饥寒之虑。

看起来，先有经济基础，再有上层建筑的说法仍旧需要成立。那么奋斗也还是要有的，直到达到某种目的为止。

不过，这种目的到底又是在哪里？兵法上又说此一时也，彼一时也。目的好像永远像人们在大雾中行走时看到的灯塔，看看就在前面，却总也走不到，或者说由一个一个渐进的目的构成一道直通向天的阶梯。

中央电视台做成龙的节目，一脸沧桑的成龙现在已经不是当初的后生小子，他的最初目标已经达到，他的成功已经被许多人奉为经典，却仍旧在打拼和劳碌不止。他已经拥有七八辈子都花不完的钱，却仍旧在不要命地摔来摔去地演电影，飞来飞去地出节目，为慈善事业筹款募捐。

这时的奋斗，已经不是生活窘迫时的无奈之举，而是出自自己的灵魂需要和对自己的能力与生存价值的不断认定。

人生于世本无名，能够一出生就站在高冈上的毕竟是极少数，绝大多数人的路要靠自己来走。这条路，就是奋斗。上学要考学，毕业要考研、考博、留学；工作要争先进，当模范；经商要挣大钱；从政要平步青云。像我们俗话说的：平地上起咕堆，就是在平地上拢起一堆属于自己的东西，是何其艰难。攒钱买房、买车、结婚，攒钱给老人当养老金，给孩子交二十年之后的大学学费。时常听到人幸福地憧憬：唉，要是咱中五百万就好了。这种心理使得咱们国家的彩票事业兴旺发达，日进斗金。发财的没几个，真正的大赢家背后铺垫着多少做着发财梦的可怜人。这些人，包括我，一直在汗流满面地奋斗，像登泰山，一路欲罢而不能。过去想着考上学就好，考上学又想有个工作就好，有了工作又想干好，干好工作又需要重新充电学习，一路下来，像孙猴子说的，如急递铺的铺兵，反复里外，奔波无已。

正所谓人心不足，只要人在旅途，前方的风景就是永远的诱惑。停步不前像那个渔夫一样提前预支享受的人，试问心中是否真的快乐？老天生人，给了人有限的力量和无限的想象，这已经够要人命的了。蚂蚁一定要伸出腿来跃跃欲试地绊坦克车一下子，是它内心里的不自知作祟，人一定要咬着牙攀登心中的高峰，又是什么心理作祟？有一首歌唱爱拼才会赢，换个表达方式，虽然拼了未必赢，但不拼你就输定了，而且，不拼你怎么知道一定不能赢？不拼而回头，是不甘心的。所以才会说不到黄河心不死，不撞南墙不回头。这才是问题的焦点。若是个性恬淡的大隐渔夫或天性纯良的朴拙赤子，不拼是快乐，中途退场是豁达，自足的心境不仅是羡煞人也么哥，更是站在高高的精神顶端，看着脚下忙碌的众生，心里会产生高尚和前卫的悲悯。若是修为不到家（修为不到家的占大多数呀），那么过早放弃奋斗的权利只会让自己受着命运另一种可能的蛊惑，到老来还会经受悔也迟矣的心理折磨。

奋斗是一个不能细究的词，充满悖反，而不奋斗也未必明哲。那么就奋斗而达到目的之后，再来享受悠闲快乐吧，可是如前所述，奋斗已经成了习惯动作。当达到某一种程度之后，金钱固已无法再束缚人，但是精神和才智上的追求却永远永远不能停止。对这样的人，我心生敬意的同时，不忘对他们的背影行注目礼，然后埋下头来，在自己微末的起点上，再接再厉。

从这个角度，也可以说，奋斗是人的一种生存本能和灵魂饥渴。

★ 点　评

　　本文是一篇典型的议论文，闪烁着哲思的光辉。论点便是题目，也就是文章最后一句话"奋斗是人的一种生存本能和灵魂饥渴"。作者用渔夫的故事引出两种生活态度，继而展开对"奋斗"的论述，一层层剖开"奋斗"的外壳，细细探究奋斗的目的：为钱、为地位、为生存、为价值、为追求灵魂的丰盈——论点便概括出来了。

胡桃壳里的君王

作家心语：世事纷纭，人情变幻，我们也可以坚守阵地，做自己的王。

一个朋友在一家网站当版主，正在招兵买马，力邀我加入，大家一块儿热闹热闹。

朋友的用意是好的，可是我不喜欢玩论坛。尽管我非常抱歉地拒绝，这位朋友却不依不饶，软硬兼施，恨不能把我绑架了去。甚至怀疑我对他有成见，所以才不肯去。

很小的时候，吃饭专拣香的、酥的吃，做事爱挑大家都在做的事，大家挤在一起，挨在一起，才有安全感。哪条路上乌泱乌泱的人，就往哪条路上挤。及至现在，早认清了自己：既没有宋江的心胸，又没有宋江的本事，所以，就当不成一呼百诺的大英雄，到哪里都被叫作"及时雨"；既没有熙凤的容貌，又没有熙凤的才志，所以，就当不成飒爽英姿铁娘子，在一方天地里纵横捭阖。那么，这么多元化的一个世界，我为什么就不能在自己的世界里，活成一个"自己"？

世界之大，我说了不算话。战争、饥饿、贫困、发财、得志、得意，都不是我能拍板定案的事。可是在我这"一亩三分地"里，我总还算是主人。我的地盘当然我做王，三两好友，淡茶一杯，好书两行，会心一笑，有衣有食，无思无虑，就是我千金不换的好日子。

　　钱钟书先生蜗居草庐，困守书屋，既不呼风，也不唤雨，既不接受世人对他的封赐，更不接受文学青年的膜拜，才活成一个独立而充实的自己；在他身故后，杨绛女士仍旧安静地过自己的日子。在无边的静寂里有风有雨，在孤独的境地里有天有地。说到底，人是要活给自己，不是活给这个世界。立身处世并不一味地靠研究怎么和人打交道，而是要让自己真正地往起"立"，立成一棵树，立成一根不枝不蔓的电线杆子，立成自己想要的人生，才叫有味。

　　"上帝啊！就是把我关在一个胡桃壳里，我也会把自己当作拥有无限空间的君王。"这是《汉姆雷特》里的话。我来把它变变：

　　"上帝啊！我把我自己关在胡桃壳里，然后把自己当作拥有无限空间的君王。"

点评

　　好精短的文章，读罢意犹未尽，却又不禁拍案叫绝。一件事：不玩论坛；一份感悟：只想做自己；两个榜样：钱钟书和杨绛；一句话：我把自己关在胡桃壳里，把自己当作君王。改用了《汉姆雷特》中的一句话，文章就戛然而止，结尾啦？没有了？读者瞠目，瞬间之后，哑然失笑，陷入深思。好文章不会啰啰唆嗦没完，它只需要搔到读者的痒处，引人联想，发人深思就够了。

偏见与傲慢

所谓偏见，就是男人说"女人没有上进心"，女人则说"男人不是好听众"；中国人说"日本人不尊老爱幼"，日本人则说"中国人不讲礼貌"，然后大家一起指着美国人说："你们有什么呀？不就是头脑简单，四肢发达吗？"

所谓傲慢，就是女人说"我们是好听众"，男人则说"我们有进取心"；日本人说"我们讲礼貌"，中国人则说"我们幼吾幼以及人之幼，老吾老以及人之老"，而美国人则喜滋滋地到处讲"我们最擅长运动，不信你看迈克尔·乔丹"。

而所谓贫富，又是我当你是不名一文吃菜根嚼树皮的穷光蛋，你当我是腰缠万贯却食不知味寝不安枕的可怜虫，其实又有什么不同？不过就是死对头眼光里互射出来名为傲慢的子弹。

小说《没有桥梁的河流》里有一个特索，他卖馒头永远只用高质量的糖，放最好的芝麻油，让馒头又香又甜。可是他的门前却永远鞍马冷落——原来他从前是一个焚尸人。"你能指望一个焚尸人做出什么好馒头吗？"

《飘》里面，南方种植园主使唤大批奴隶，有天分的聪明"黑鬼"才有资格去学习赶马车、搞修理，没天分的就只能乖乖下大田、摘棉花。这些富翁打死也不会想到，黑鬼在不远的将来居然能当演员、明星、律师、富翁和总统。

所以说，所有人都可能被傲慢和偏见支使得团团转，于是河北人说东北人彪悍，东北人说山西人小气，山西人说山东人粗鲁，山东人又说江浙人太娘娘腔腔了……其实我这么说的时候，已经存了偏见在内了。不是所有河北人都说东北人彪悍的，也不是所有东北人都看不起"小气"的山西人，更不是所有的山西人都认为山东人粗鲁，当然，怎么可能每个山东人都诋毁江浙人娘娘腔腔呢？——这段话是我从一本书上看来的，可见写书人已经存了一丝成见——我们就是以各种各样的方式，接受各种各样的傲慢与偏见。

阴黑的树林、密密的雨丝，老港片《倩女幽魂》里面，燕赤霞在醉酒舞剑，刀光剑影，万丈豪情："道可道非常道，天道地道人道剑道，黑道白道黄道赤道，人道物道道道都道，自己的道系非常道……"眼前千条道，谁敢说自己的道就是天道、王道、正道，世上无它，仅此一条？可是随便拎出一个人来，他就总是敢。每个家的主人总会觉得自己的日子是最好的，自己的家人是最好的，自己的孩子若不是最好的，便是因一颗盼子成龙的心，觉得是最不好的，自己看的书才真值得一看，自己写的文章才能千秋万代永流传。

傲慢既无法避免，偏见又不能消除，文化、性别、环境、地位、教养……种种的差异做了它们生长的温床，任何想要横平竖直的想法都会使人迷途失向，所以别宣称自己不傲慢、无偏见，那大概只有一个理由，就是你的傲慢太傲、偏见太偏，怕人发现。

其实人间道条条都横平竖直也没有多大意思，我们爱旁逸斜出的生活胜过爱盛装丽服的美人，所以钱钟书讲偏见是思想的放假，偶尔开开小差没什么大不了。但是不能过火，一旦用傲慢永久代替了谦抑，用偏见永久代替了正见，就好比用聒噪永久代替静默，用声音永久代替思想，到最后就真像钱钟书说的那样："语言当然不就是声音；但是在不中听，不愿听，或者隔着墙壁和距离听不真的语言里，文字都丧失了圭角和轮廓，变成一团忽涨忽缩的喧闹，跟鸡鸣犬吠同样缺乏意义，这就是所谓人籁！断送了睡眠，震断了思想，培养了神经衰弱。"

★ 点 评

　　文章在极为有限的篇幅之中，引经据典，变化多端，又在自己思维感悟的统领下，构成和谐的整体。各国人彼此的互讽、小说《没有桥梁的河流》里的焚尸人、《飘》里面的黑鬼、老港片《倩女幽魂》里燕赤霞的一段话、钱钟书先生的论述等等，看似信手拈来，其实都统领在一个话题下，那就是傲慢与偏见。

异形

作家心语：坚持一个做人的底线，竟是一场长达一生的惨烈战争。没有功德圆满，没有一步登天，长长的一生是个无尽头的考验。

一对城市时髦母女被一个土老婆子把女儿的牛仔裤弄脏了，当妈的就一定要这个老婆子赔偿五十块钱。老婆子捏着手里仅有的几块钱苦苦哀求，未果，无奈下跪，那两个硬是不肯纳降。两头狮子欺负一只毛都掉光的老绵羊，三张人皮里裹着的可是堂堂正正的人？

高尔基算是人吧？他可是在风暴肆虐的大海上展翅翱翔的黑色闪电呀！可是不幸，我又在《被历史忽略的历史》里读到一个片段：

20世纪20年代，苏联索洛维茨岛劳改营是人间地狱，一个叫马尔扎戈夫的犯人逃离此地，在英国出版了一部自传性的书《在地狱岛上》，西方舆论大哗。为了消除恶劣影响，苏联决定派"全世界无产阶级最伟大的作家"高尔基亲赴岛上考察，以驳斥"那本卑鄙的国外伪造出版物"。

为了应付考察，苏联当局把衣不蔽体的犯人全集中起来，用帆布盖住，远远望去就像垃圾堆填区；还安排一些犯人躺在长椅上捧读报纸，神态悠闲。高尔基不说话，默默地走过去，把犯人拿倒的报纸正过来。

一切都有条不紊地进行，直到参观儿童教养院，一个十四岁的男童从花团锦簇的队伍里走出来，对高尔基说："你看见的都是假的。"高尔基把所有随从屏退门外，单独聆听这个男童倾诉了一个半小时，从工棚出来时泪流满面，然后他被四轮马车接到长官别墅用午餐。

回到莫斯科，高尔基在报刊上以"雄鹰和海燕的名义"，大声宣布：岛上的犯人生活得非常之好，并非什么"地狱岛"——那个告密的男童却被枪毙了。

你看，不是人。都不是人。都是异形。满大街走着一个个的异形。没有真正自由状态的，自然状态的，自尊也尊敬别人，自爱也爱别人，慈悯的，刚烈的，公正的，忠诚的，直谅的，磊落的"人"。

六朝还有"时率意独驾，不由径路，车迹所穷，辄痛哭而返"的阮籍；有喝得大醉，在自己屋里脱得光溜溜的刘伶；有弹奏一曲《广陵散》，然后引颈就戮的嵇康，他们都在竭力保持自己的人性，哪怕被整个社会当作异形。我们现在连这种努力都不肯做了，假如良心能换回一碗面，尊严能换回一幢楼，践踏他人能显出我们高高在上的优越感，甘愿把自己变成一条虫、一只狗、一朵花、一匹狼、一口猪、一腔羊、一根草、一个喇叭、一个留声机、一辆在轨道上跑的玩具火车，一边假模假式鸣笛，一边假装一路向前，一路高歌……

一上午没干别的，就追着电视连续剧《我的团长我的团》的网上开机发布会来看，那是因为纪念，纪念远征军那段惨烈的历史，纪念为了今天的和平年代付出鲜血和生命的人。也是因为尊敬，尊敬一个有良心的编剧、一个有良心的导演和他带出来的一个有良心的演员团队，他们不肯把这段历史轻轻遗忘，也不许我们轻轻遗忘。有他们在，中国的编剧、导演、演员，就还没死绝，他们让才子佳人、帝王将相充斥的荧屏闪现一丝"人"的曙光。

可是没死绝又能怎样？生命个体像裸体的虫，一旦自我觉醒，马上就会惊觉身处荆丛棘阵。整个世界都在磨刀霍霍，要把一个"人"削尖旋圆，雕凿镂空，变成一个个异形。坚持一个做人的底线，竟是一场长达一生的惨烈战争。没有功德圆满，没有一步登天，长长的一生是个无尽头的考验，为一个"人"字付出一切，结果往往是零。就算它代表着一份做人的尊严与光荣，你肯不肯？

点评

很少见到作者如此犀利且充满杀伐之气的文字，开头便以"三张人皮里裹着的可是堂堂正正的人"发问，直指人心，痛快之至。"你看，不是人。都不是人。"在列举了高尔基的例子之后，作者又愤怒地坦然承认，坦然里却有些无奈。

关键在我

作家心语： 一阵子一阵子的西风，都是促人行路的东风，此时山重水复，转身柳暗花明。关键在我，不可推脱。

当年听到这句话的时候，正感觉刮来的不是东风，是西风，裹挟着冰雪打在身上的那种冷。

十多年前，讲课多了，嗓子坏掉，不能再上讲台，只好做一个默默无闻的图书管理员。真的是"默默无闻"，因为整天发不出一点声音。有一天，在校园，我在前边走，后边就有两个新老师议论："你说她是不是哑巴，怎么从来听不见她说话？"另一个讲："咱们学校也真是，怎么哑巴也招！"这个就用压低了却分明想让我听见的声音，说："肯定是走后门……"

晚上上网把委屈跟朋友说，朋友其时正在读博，学业艰苦，妻子又提出离婚，前院垦荒，后院失火。可是他说："东风已来，关键在我。"

一句话如醍醐灌顶。从此我天天发狠地从被窝里爬起来读书，又蹲在那台老旧的电脑前敲敲打打，对着冰冷的屏幕说自己心里的话。

不知道怎的，书读着读着就把自己沉入另一个世界了，文字写着写着就连缀成了篇章。就这么一路读读写写的，走到如今。想起来捏一把冷汗，幸亏当初那句话，否则我的日子就是天天看看电视，打打牌，说说家长里短，就这么半辈子过去了。

好可怕。

果然西风也是东风，若无它的凛冽催促，温柔乡就活活泡死了我的好光阴。

如今这个朋友已经重新组建了幸福的新家庭，想看他的时候直接在网上搜他在全国各地讲课的新闻和视频就行。

刚才吃饭，一个朋友有些酒醉，跟我讲："哎呀，闫老师，你不知道别人在背后说你什么，真难听……"旁边就有人赶忙夹块肉堵他的嘴，说："你乱说些个什么!"

我心里明镜似的，真是躲避不开的纷扰人间，消停不了的红尘三万丈。说是不在乎，还是会在乎。心里不是白茫茫一片真干净，是雪压了芦苇，又半化不化的，被人踩上两个湿的泥脚印。然后开会，台上讲话的人激情洋溢，又听见这八个字："东风已来，关键在我。"

对的。一阵子一阵子的西风，都是促人行路的东风，此时山重水复，转身柳暗花明。关键在我，不可推脱。

点　评

> 想到张德芬的一句话："亲爱的，外面没有别人，只有自己!"无论外界风动还是幡动，心动不动，主动权还是在我。一篇篇的美文从生活中来，对于我们来说，写作技巧并不是当前面对的第一难题，无米下锅不知道写些什么，才是第一难事。如果，我说"米"来自生活，我们会不会试着蹲下身，张开心灵敏锐的触角，去发现藏于泥沙中的一粒粒"米"呢？

我没有草原，但我有过一匹马

> **作家心语：** 没有金银财宝怕什么？我有清风明月。没有
> 高官显爵怕什么？我有淡然平安。生活中每当你缺少一样什
> 么，命运必会补给你另一样什么。所以，不必怕，低下头，
> 要感恩。

这是一个作家的文章题目。文章内容没读过，我只见过这个人。

一个盲人。

河北省第一届散文大赛，他获一等奖，就是凭的这篇文章。一个七尺高的汉子，被搀扶着，摸摸索索上台发言，大家都看得见，就他看不见。患疾失明时，他大学毕业还不到一年，如今看样貌已经四十岁。本来觉得自己三十岁失声够惨，和他一比，我觉得可以跳一段新疆舞表达被命运眷顾的幸运。

他在台上讲挣脱与突围，讲命运与苦难。这个我明白，每个人的生命都有禁制：疾患是禁制，病苦是禁制，工作是禁制，家庭是禁制，连爱情都是禁制。史铁生对一群盲童说，残疾无非是一种局限。"你们想看而不能看。我呢，想走却不能走。那么健全人呢，他们想飞但不能飞。"

一个朋友如今正处于要命的两难阶段，想换工作，又舍不得现有的待遇；不换工作，又忍受不了缓慢、沉闷的气氛。他很憔悴。他急需突围。

每个人都急需突围。

读一篇小说，一个年轻人自幼失明，隐居山谷，一日突逢变故，被迫出

山，以一个目盲之人的尴尬，面对种种大千世界。他的师父亡故之前，对他反复叮嘱，说你不要出山，一定不要出山，山外的世界太纷乱。可是他毕竟出了山，见识了情天恨海，见识了肝胆相照，见识了国仇家恨，到最后，竟然又由于偶然机缘，见识了大千世界——他复明了。原来天是这样的，地是这样的，花、草、树、鸟、沙是这样的，爱人，原来你是这样的。

那一刻，他的心里鼓涨的，是对生命的满满的爱与感恩。

而那一刻后，他却被告知，他的目疾原本不过小事一桩，他的师父不知出于什么原因不肯替他根治。他先是怔住，后来明白，师父想让他目盲隐居，躲开世间一切。

小说里这个青年，是选择复明，然后游走世间，百愁千恨俱尝遍，还是仍旧保持失明，回到山谷，过平平淡淡的一天天？如果他选复明，还得要经过万针刺身的疼痛试炼。可是他却仍旧选择把身上扎满针，像个刺猬，在疼痛苦楚中，迎接黎明之后喷薄而出的太阳。

你看，挣脱的不是禁制，是命运；突围的不是命运，是自身。

而这篇文章的作者，却是连这样的选择也不能有。他被妻子扶着，走在参观酒厂的路上，别人看得见的路，他看不见；别人看得见的水，他看不见；别人看得见的丰盛菜色，他看不见；别人看得见的笔走游龙，他看不见；别人看得见的酒罐、酒缸、酒坛、酒瓮，他看不见。

可是他却说："我在我的生命中，发现了我的真理，这个真理只有一个字——爱。"周围许许多多的人，眼目明亮，人声喧嚷，歌笑鼎沸，透过面皮可以看得见许多叫嚣的欲念，却独独于这个失去光影世界的人那里，我听到了这个字，纯净如水晶。

爱世界，爱他人，爱自己，爱命运。他凭借目盲，竟然超越心灵的最大局限。

那么，假如说，局限是自己给自己设置的呢？

假如你这样想：也许你的身体赞同完整，赞同健全，你的心智赞同完美，但是，你的心灵却渴望能够在一种不完整、不健全、不完美的境地中体验一下自己究竟会有多强大，能够走多远，于是，你的灵魂导演了这样一出出的好戏，囚禁你的身体，试炼你的心智，从而逼迫你的潜能，引导你走向最后的真理——我们不是命运的被动承受者，而是命运的创造者。我们创造了不完美，来证明我们的完美。假如这样想，你会不会好受些？

那么，每个面对苦难，陷身局限的人，都是勇敢的人，都有狮子的勇气。即使没有草原，也有自己的马，鞍辔加身，长声嘶鸣，骑上它，闯天涯，天涯尽头开满花，每个花芯里都端坐着一尊佛。

这位作家说他请过许多的书法家，为他写过相同内容的八个字：目中无人，心中有佛。佛是什么？佛，就是世间最大、最明亮、最包容、最无私无欲、无怨无悔的爱啊。

★ 点 评

这篇文章没有停留在马的驰骋上，而是更加深入进去，探查马儿驰骋突围的动力何在，如文章结尾所言：最大、最明亮、最包容、最无私无欲、无怨无悔的爱。本文选材激励人奋发向上，同时又教人豁达包容，是历届中高考阅读理解常见选文类型。

第 **6** 辑

有情世界

　　花开花谢，叶荣叶凋。父母儿女，好友亲朋，大千世界，有情菩提。有情即有欢歌笑泪，若是无情，整个世界都不好了。

我比你坚强

作家心语：不要小看我们的孩子，他们身躯弱小，精神纯粹，意志强大——他们是这个世界开出的最美、最美的花。

吃过晚饭，一家人出去散步，女儿手里拿一瓶矿泉水在喝。先生拉我，悄悄努嘴："看！"我回头，一个小男孩，不过十来岁，矮小瘦弱，小脸肮脏，身上的衣服宽宽大大，风一吹，衣裳把小人儿一裹，简直就像根细小的牙签。真奇怪，他一直跟着我们。我回身，蹲下来，拿出几枚硬币："给。"孩子摇摇头："谢谢阿姨，我不是要饭的。"我羞愧——无意间伤了孩子的自尊心。但他为什么老是跟着我们呢？直到我的姑娘把矿泉水瓶塞进果皮箱，小男孩一个箭步往前一蹿，把胳膊伸进去，把瓶子拎出来，往手里拎的蛇皮袋里一塞，才又开始往别处寻去。

后来听说小男孩儿原本有一个很富足的家，但是妈妈得了尿毒症，百般医治无效，家里的钱却越花越少。终于有一天，爸爸把财物席卷一空，携包逃跑。病重的妈妈整日以泪洗面，生活的重担像座山，压在这个10岁小男孩的肩上。

他一边尽最大力量安慰妈妈，一边到厨房里笨手笨脚给妈妈做一顿糊了的饭，然后再到外面捡废塑料和空瓶子，一毛两毛地卖成钱，自豪地交给妈妈："妈，拿去用，你想怎么花就怎么花，全是我自己挣的。"

三年过去，那个男人始终没有露面，但是小小男子汉却发表了他的宣言："妈，我也是男人，我能照顾你。"

很小的时候，老师就曾反反复复地上过"坚强"这一课。可是当自己越长越大，却发现越来越做不到坚强了。不是，是越来越会权衡了，假如逃避可以让自己活得更轻松，为什么不呢？有时甚至想，所谓的坚强，只不过是无路可走时的故作姿态罢了，只要有另外一条路可走，傻瓜才会"坚强"地硬挺下去呢！

虽然也为自己的没出息感到害臊，但是让我感到宽慰的是，想临阵脱逃的大约不止我一个。但是，这样一想之下，却让自己更害臊了。

一个女人，丈夫出了工伤，瘫痪在床，自己吃不住劲，干脆逃得远远的，远嫁他乡。她要带走小女儿，孩子却说了一句话："妈妈，你走吧，我要留下照顾爸爸。"冰寒雪冷的冬天，她每天五点起床，给瘫痪在床的爸爸洗漱好，然后做好饭，喂好，再自己草草吃一口，然后赶到十几里路外的学校上学。中午就吃一顿凉干粮。晚上回来接着做饭，做完饭帮爸爸按摩失去知觉的双腿和双脚。然后就着豆大的灯光做作业。晚上，她睡了，但是却在自己的手腕上系上一条细绳子，绳子的另一端连着爸爸。爸爸有什么要求，只要一拉绳子，孩子就会强睁开惺忪睡眼，起来帮爸爸接屎端尿。别人家的孩子在爸爸妈妈怀里撒着娇要吃麦当劳，小姑娘却在泰山压顶一般的苦难中坚持着，既不肯逃跑，也不肯弯腰。

看，这就是孩子，我们的孩子。

爸爸逃了，孩子留下了；妈妈逃了，孩子留下了；大人们一个接一个地逃跑了，小小的孩子却一个接一个地留下了。凭什么？我们不是豪言过，壮语过，发誓要勇敢面对生活中的挫折？什么时候我们的心变得市侩和冷漠，而这些豪言壮语像一阵风一样从我们的生活里刮跑了。

终于有一天，我们沉醉在燕舞笙歌，却发觉自己无法面对孩子们脏兮兮的小脸、瘦弱的小身体、承担着生活重担而坚持不倒下的勇气。面对他们，我们像面对被钉上十字架的耶稣，羞愧万分，掩面哭泣，痛切地发现自己的油滑和软弱、脱避和退缩、背信和弃义、绝情和冷漠。

真的，纵使我们身材高大，声音响亮，拥有尘世中足够的权势和力量，但是我们的孩子却完全有资格带着怜悯的微笑，居高临下地对我们说："我比你坚强。"

点评

面对灾难，面对困境，爸爸跑了，妈妈逃了，只有孩子用自己稚嫩的肩膀，扛起家庭的重担。听！小男孩的话："妈，拿去用，你想怎么花就怎么花，全是我自己挣的。"看！小姑娘的形象："在泰山压顶一般的苦难中坚持着，既不肯逃跑，也不肯弯腰。"一两句语言描写、一个动作描写，刻画出了孩子们的坚强高大，衬托出我们成人的软弱和冷漠。

面对明天，积攒悲伤

作家心语：世人都道行乐须及春，却不道行孝须及早，不然就真的是晚了，说什么都晚了。

刚才我瘫痪的老爹从床上摔下来了。躺着也不老实。我一个人在家，背也背不动，抱也抱不动，没奈何揽着他在凉地上坐着。冬天，屋内还没供暖，我给他围上被子，像拥着婴儿。

以前我假干净得很，现在他在床上大便小便，我一点都不觉得脏。

我老是想到他从小到大，一指头都没有捅过我，我爱吃黄瓜炒鸡蛋，他就给我炒黄瓜鸡蛋。他套着大马车送我去县城上学，又套着大马车接我回娘家坐月子。我不听话，他气得跺脚，一边出长声："哎哎哎……"

我平生几大遗憾，都与他相关。

他说他一辈子没有坐过火车。以前我总觉得时日还长，不着急，不着急。后来他半身不遂，刚得病的时候，带他去动物园，他像孩子一样扒着铁丝网看笼子里的孔雀。我嫌累不肯走，他拐着腿跑老远去看大老虎，回来脚都走肿了，说反正是来了，总要看个够。大千世界，花花乾坤，多少好风景，他都没看过，这辈子就再也没有机会了。

以前他不用扶拐就能走路，再后来挂单拐，再后来架双拐。起初在村子里，他骑着小三轮车代步，想去哪里去哪里；然后搬到我家，能从卧室走到客厅。客人来，他要出来坐一坐，看着大家笑闹，他在旁边眯眯笑。近一年多，他连卧室的门也出不了，只能自己磨着去厕所。想着给他买个轮椅吧，又怕他万一坐上轮椅，从此再也不能站起来，让他这么锻炼自己也不错。再后来他一跤跌倒，瘫痪在床，轮椅倒是有了，可是不能坐了，再也不能了。

老爹吃苦下力，一生贫寒，年轻时爱吃肉，没的肉吃。好容易买只鸡，我和娘吃肉，他啃骨头啃得咂咂响，一脸幸福的模样；又爱吃甜，偶尔买来甘蔗，我吃甘蔗身，他吃甘蔗根，也啃得咂咂响，一脸幸福的模样。年老来爱吃肉，血脂高；爱吃甜，又得了糖尿病。现在每天只是粥泡馒头，倒一点菜汤，偶尔加一点肉，问他香不香，他含混不清地说：香！想要让他再吃大老碗的红烧肉，再也不能了。这辈子都不能了。

他要是身体好好的多好，我不带他坐火车了，我带他坐飞机，说去哪里就去哪里。大飞机，大翅膀，浮在云层上，阳光照得云彩通亮。

他要是还能够坐起来多好，让他坐上轮椅，闲来无事，自己在几间屋里转来转去，人来客往他都可以参加，而不是躺在床上接受人们的探望。

他要是还能够尽情地吃多好！

可是没有那么多的"要是"了。老爹现在越来越瘦，精神越来越恍惚，有时候嘿嘿地傻乐，有时候咧着大嘴哭。他今天还跟我娘说："你看！窗台上两个人，一男一女，一下午了，没动弹。"窗台上哪来的人呢。他今年七十五岁，他的老弟兄们一个个过世，千树凋零，唯余他树头一叶。

我的亲叔叔刚殁。他把大女儿招赘在家，脾气像极了他，一样的倔拧，两个人简直一说话就戗，水火不相容。如今他躺在灵床上，大女儿痛哭，说没给爸做过好吃的，没仔细观察过爸的病状，没让爸多住几天医院。父亲病重的一天，她去送饭，父亲微弱的嗓音叫她小名，她没在意，转身出去，没想到是最后的遗言。后来在医院，她一定要问老爹想跟她说什么，母亲巴掌拳头地打她，说你爹是望死的人了，你还逼着问！姐妹们也不肯原谅她，拿话和白眼砸她。她都低头忍受，只哭着说爸，你的闺女多傻，都没看出来你病那么重，爸你当初为什么要把我留在家里呀！爸我怎么就随了你的脾气，都那么拧那么倔。她一边哭一边揪胸膛，说我内疚呀，我内疚呀。

我有点怕面对明天，因为害怕积攒悲伤。

世人都道行乐须及春，却不道行孝须及早，不然就真的是晚了，说什么都晚了。

★ 点 评

作者的几大遗憾，我们何尝没有？老爹没有坐过火车，老爹没有坐上轮椅，老爹年轻时爱吃肉，没肉吃；到老了，有肉吃了，又不能吃了。接着，作者用三个"要是"抒写自己的"遗憾"和自己的"悔"，这还不够，还要让耳畔响起叔叔女儿的哭声，让内疚的泪水，把"遗憾"一点点润湿，洇成大片大片的悲伤。

鸡排

作家心语： 妈妈的爱不见得是摆在面上的真金白银，有时候更像深埋地下的葡萄根。你若不肯，便看不见。

我爱吃鸡排。就是把鸡架放到油锅里炸到金黄，骨脆，肉嫩，油香，漫天飞舞鹅毛大雪的冬天吃它最爽——没办法，天性好吃，这充分说明了我为什么会长成这么一个胖胖的小姑娘。

我妈很懂我，专拣我的软肋捅。

她最会翻脸不认人，哪怕刚才还亲亲热热搂着叫我"小美女、小宝贝、小乖乖"，可一听说我没完成作业，马上就抢着鸡毛掸子往我屁股上招呼。我挨了打，憋气带窝火，把自己关在房间里面，哄死不开门。爸爸悄悄让她喂我两句好话听听，她不肯，反而在门外高声大嗓商量晚上吃什么饭：

"涮火锅吧，宽粉、豆腐、红薯、莜麦菜、菠菜、大白菜，再蒸一锅大米饭，谁不吃饭是傻蛋。"

我乖乖探出头来："有没有肉？"

"没有！"

没有我也吃。谁不吃饭是傻蛋。

我们家除了现住的小单元房外，又斥巨资另买了一套一百多平方米的三居室。

按说卖小买大，再加上手里的积蓄，差不多就够了，可是我妈太贪，大的买了，小的又不肯卖，就造成今天这种局面。虽然一只鸡排才三块半，她也轻易不肯给我买，还说："鸡排这种东西，要多脏有多脏，病鸡、死鸡、地沟油……"

恶心死人。

所以说，爸爸妈妈是大房奴，我是小房奴。一次我给我心仪的《超级男声》投票，花了十块钱的手机费，被我妈发现，她怒气冲天，一路把我从客厅推到饭厅，又从饭厅推到卧室：

"你个败家子，放着学不好好上，天天迷这种东西，你是不是想学杨丽娟，想我卖房子帮你去追星！养你不如养个棒槌！告诉你，我就养你到十八岁，然后你就给老娘自食其力……"

太过分了。居然骂人家是棒槌。瞅着她带上门出去，我从牙缝里蹦出两个字："变态！"没想她居然又给听见，回身"咣"一脚把门踹开，抬手就给了我一记耳光："你说谁变态！"

我不敢吭声，捂着脸，等她走远才敢脑瓜里偷偷转圈："四十岁就到更年期了？这德行！母老虎都比她温柔些，恶娘——比孙二娘还恶的娘！"

其实，家里日子好过的时候，她也把自己吃得胖胖的，一尊笑眯眯的弥勒佛样。现在却动不动电闪雷鸣，倾盆大骂瓢泼而下。没事就数钱——数数还欠人家多少钱。我爸劝她："咱们把小房子卖了吧。"她把眼一瞪："你懂个屁！前脚卖了，后脚就买不回来！你有本事，别出这馊主意，给我往回挣钱！"

一顿夹七夹八，骂得我爸摸门不着，悄悄钻屋里去睡觉——他失业两年了，靠做小本生意挣他自己的饭钱。至于还房贷，我的花费，还有一个家的水、电、煤气、米、面、粮、油、肉、蛋、菜，全凭我妈一个人挣钱开支，难怪她心理不平衡——这也是她自找罪受，活该。

我生病了。

一连十几天，一直不明原因地发烧，打针、输液，百般无效，学也上不成了，人也萎靡不振，病恹恹躺在床上，什么也吃不下。妈妈趴在我的床边，脸对脸地跟我说话：

"我的姑娘受罪喽，真可怜，你想吃什么，妈去买。"

我有点受宠若惊，大脑一片空白，什么都想不起来。慢慢地，一个物件在脑海里像云彩一样慢慢积聚，成形，我知道我想吃什么了——鸡排。

她如奉圣旨，转身出去。

左等也不来，右等也不来，我都睡着了，爸爸忍耐不住，打她电话，老是关机。外面风大雪大，爸爸出去找她。全城十个菜市场全转遍了，哪里有她的影子！到最后居然找到医院了——她横穿马路，被一辆农用三轮车撞翻。

当爸爸带着昏昏沉沉的我赶到医院，她正躺在急诊室的病床上，脸色惨白——医生说伤了内脏。妈妈神志清醒，拉着我的手挣扎道歉："对不起，乖，没能给你买鸡排，妈妈看见马路对面有卖袜子的，一块钱一双，想先买两双袜子……"

三天，妈妈痛苦了三天，然后去世。

妈妈，你爱我吗？你是爱我多一些，还是爱房多一些？你是爱我多一些，还是爱钱多一些？

我越来越沉默、成绩直线下跌，常常一个人发呆，有时不能控制地自言自语——这个问题成了扎在我心上的刺，拔不出来。

直到有一天，我和爸爸整理妈妈的专用书橱，从里面搬出一摞日记本。

爸爸不说话，拾起，翻开，拍拍上面的灰，一个字一个字往下读，嘴唇默默翕动，渐渐从立到坐，头埋进膝盖。我接过来继续读。越读，答案越如一轮明月，照见一个人心里的山河世界。

"宝宝今天又吃撑了，真奇怪，这孩子怎么这么贪吃？医生早就警告过，她的胃膜很薄，再猛吃会得胃穿孔。我得想办法把她的嘴巴'捆'起来……"

"要买新房子了，旧房子怎么办？将来宝宝若是有出息，出国留洋，那敢情好；可是她要是没大出息，将来只能守在这个小城里，做个小店员，一个月挣几百块人民币，还不够她塞牙缝，怎么能买得起房子？再找个没有钱的男朋友，小两口难道喝西北风？我可不想让她也活活急死。我现在咬牙紧一紧裤腰带，将来她就能有一个容身之地……"

热泪如泄，我强撑着翻下去：

"宝宝这孩子，一旦知道连房子都给她准备下了，准定混吃混喝混日子。所以，这件事先不能告诉她，怕她既不知道努力，又不晓得珍惜。"

实在读不下去了，可是，我的心里还有最后一根刺，日记本上没有答案，答案在爸爸的心里。我问了爸爸一个问题：

"妈既然疼我，为什么明知道我在病床上盼她买鸡排回去，她还有心思去买便宜袜子？她的心里，对我是不是并没她想象的那么爱？"

"住嘴！"我爸气得气喘吁吁，"她找了好几道街也没找见鸡排，好容易看见一个，在马路对过，她想赶紧过去，就没看见车来。她根本没想买便宜袜子！她嘱咐我别告诉你实情，怕你对她的死有愧疚。她宁愿你没心没肺地快乐一辈子，也不想让你在痛苦里过一生。"

这就是所有疑问的答案，它冲得我立脚不稳，目瞪口呆。原来世界上还有这样一种妈妈，她的爱不是柔情似水，一口一个叫"乖乖"；也不是敞开怀抱，让孩子扑进来。她的爱只如男子，两军阵前跃马挺枪，为孩子挡住所有的灾。可怜我一直以为没有得到妈妈十足的爱，却不知道她的爱早就像葡萄根，在地底下有多深，就埋多深。

⭐ **点　评**

　　"我"爱吃鸡排，妈不给我买鸡排，母女俩吵架，"我"生病要吃鸡排，妈妈没去买鸡排反而去买便宜袜子，结果被车撞，痛苦之余心存一个谜：妈妈爱我吗？欲扬先抑写母爱的范文！接下来日记揭示谜底：妈妈爱我，妈妈所做的一切都有其良苦用心，隐瞒真相为了让孩子快乐生活。妈妈的爱渐渐清晰，渐渐发出火辣辣的温度，"我"的误解和疑惑更加烘托出母爱的深沉。

小冰棍儿

作家心语：谁这说个世界冰冷得让人笑不出来？人的心暖起来，也能把另一颗心暖得如三春花开。

"小冰棍儿"守在急诊室外的塑料长椅上，浑身发抖，两手冰凉。姥姥在里面。

小冰棍儿是人家给她起的外号，十几岁的姑娘，几乎从来不笑。

白大褂来到跟前，她抬起头。值班医生严肃地说："……"

咚。

小冰棍儿晕倒了。

他还什么都没说呢。

当她醒过来，发现自己躺在沙发上。房间里空调呼呼地吹着热风。白大褂正写病历，看她醒了，直截了当："你姥姥的……"

"你姥姥的！"小冰棍儿嘴快地回了过去。

"噗。"医生喷了，"我是说你姥姥的病……没事了。"

小冰棍儿的脸色变了好几变，医生怪有趣地看着她，过一会儿慢慢地说："去看看她吧，203病房。"

姥姥正吸氧昏睡，小冰棍儿握着姥姥的手，低着头，肩膀一耸一耸。

医生站在门口。

小冰棍儿上学去了，医生来到姥姥的病床前，然后，知道了小冰棍儿的爸爸在外边养小三，还和妈妈离了婚。妈妈自杀了，爸爸和爷爷奶奶都不肯要她，姥姥就捡破烂供她读书。从那时起，她就不会笑了。然后，昨天早晨，不知道怎么回事，姥姥晕倒了。

于是，当姥姥出院的时候，小冰棍儿就发现这个笑起来有点贼贼的中年医生开着车等在门口。小冰棍儿警惕地看着他，他慢吞吞地说："上车吧。"然后把她们送回家。

后来，有一回，他请她们到他家做客。他家客厅里挂着一张照片，照片上的人和小冰棍儿出奇地像。这是医生的亲生女儿，得了白血病，去年去世，比小冰棍儿大三个月。医生的妻子怕睹物思人，出了国，家里只剩下他一人。医生说，见到小冰棍儿的时候，他觉得是女儿又回来了。

后来，他就常常来小冰棍儿家，每次都带些补品，又给小冰棍儿买辅导书。

一天早晨，姥姥闭上眼睛，再也没有睁开。当大叔医生赶来的时候，小冰棍儿抱着姥姥，神情呆滞，一动不动。医生慢慢蹲下身子，握住小冰棍儿冰凉的手指，在她耳边轻轻说："小冰棍儿，姥姥没有吃苦。她走得很安详，没有吃苦。"

他反复地、温柔地、一遍一遍地说，直到小冰棍儿干涸的眼睛渐渐流下眼泪，一滴，两滴。

半年后，小冰棍儿考上大学。四年后，她以优异的成绩毕业，开始用自己的工资还助学贷款。"爸爸"医生——姥姥去世后，医生成了她"爸爸"——本来要供她读书，被她拒绝了。她想用自己的努力走好自己的人生。

小冰棍儿拿到第一个月的工资，想去拜祭一下姐姐，医生尴尬地笑。"啊，"他说，"那个，其实吧，我根本没有结婚，也没有女儿。墙上挂的是你的照片。我想帮你，又怕你害怕，就想了这么个笨办法……"

小冰棍儿瞪着他，不说话，空气仿佛都凝结了。

渐渐地，她开始笑，医生也开始笑。

两个人疯疯癫癫的大笑仿佛像两朵开在春风里的大花。

点　评

　　这是一个构思精巧的故事。故事中的关键情节就是医生领着小冰棍儿到自己家里，给她看女儿的照片，这是这个不会笑的小女孩心灵坚冰融化的开始，她慢慢接受了医生的照顾。而故事的点睛之笔在最后，医生揭开了真相，那张照片只是一个爱的借口，爱的谎言。两个情节前后照应，让读者也不觉莞尔，为医生的智慧鼓掌，为女孩的幸运而微笑。

我不敢老

作家心语：正告诸君：父母在的时候，永远、永远、永远不许轻生、自残、流浪、出走。因为他们需要你，如同你当年需要他们……

我爹老了。

躺在炕上，眨巴眨巴大眼睛，不认识来的都是谁。他不久前才从城里的我家搬回乡下——工作原因，我不能再照顾他，只好叫一辆救护车把他和母亲送回村子里。堂哥堂姐堂弟堂妹堂嫂弟媳，还有他的八十多岁的上了年纪的老嫂子和六七十岁的老兄弟，都来看他，挨个问他："我是谁呀？"他就嘿嘿地笑，笑着笑着又咧开大嘴哭。我娘在旁边说："傻子。"

我也照样问："爹，我是谁呀？"

他翻着眼睛看我，我也歪着头看他。

他想啊想啊。

我伤心了："你真把我忘了啊？"

他很吃力地喉咙一动一动，僵硬的舌头在嘴里打转，好像一条庞大的狗在狭窄的狗舍里打转，含含糊糊地说："哪……哪有。"

"那我是谁？"

"你是……是……荣霞！"

吓我一跳。

220

　　外面下着大雨，我睡得香甜，哗哗的雨声正好助眠。迷迷糊糊听见嘭嘭的声音，好像沉在水底的人听着岸上打鼓，响动遥远而模糊。猛然间一声大喝："荣霞！"我一哆嗦，激灵一下醒过来：我爹趴在窗户外面，手遮着光往里张望，一脸焦急和张皇。我哎呀一声叫，爬起来拽开门闩就往外跑——要迟到了！

　　穷人命贱，我生来就只被家里人"丫头""丫头"地叫，上学后老师才给我起学名叫"荣霞"，却从不被家里人承认，只在学校通用。这一声"荣霞"好像上课的钟声，让我清醒得不能再清醒。学校离家远，我又没有自行车，中午跑回来吃口饭，原本想着躺躺就走，哪想到睡这么沉！我爹忙着把一块透明塑料布对折，用绳往中间一穿，然后往我脖子上一绑，就是一个雨披。头顶被他扣上一顶旧得发黑的草帽——我家没伞，在他的目送下我冲进茫茫雨幕。

　　事后我娘跟我说："你爹叫你一声'荣霞'，浑身发冷。"

　　——其时我十三岁，读初二。如今我已经四十三，时隔三十年，我又听见他叫第二声。

　　然后他看着我惊骇的表情，嘿嘿地笑，嘴里的牙已经掉得只剩两三颗，调皮地露着。谁说我爹傻，他还逗我！

　　一年多以前，他和我娘还在我家住着。前夫出轨，为遮掩过错，反咬一口，说我不良，挑动一家十口把我打到腰椎骨折。半个月后，我从医院扶着腰回到家里，父亲拄着拐杖从他的房间出来迎我——真怀念啊，那个时候，他还能站得起来呢。就站在那里，看着我，不动，不说话。我笑着说："爹，我没事，放心吧。"他还是看着我，不说话。

　　自始至终，他没有对此事评论一句。他好像知道，又好像不知道。我倒宁愿他什么也不知道。反正我被一干壮汉围殴，在楼下团团打滚的时候，正是夜里，他在自己的房间，坐着看电视。我躺在医院里，已经叮嘱过女儿，别让你姥爷知道，若他问起，就说我出差了。可是为什么他看着我的眼神，竟然那样悲伤。我娘说："你出来干什么，别摔着，赶紧回屋去。"他就一步一蹭地往自己房间挪，塌着肩，像扛了一座无形的山。

小的时候，他带我去地里，说："丫头，把这片棉花锄一锄。"于是我就乖乖地把所有刚出土的棉苗都给锄下来了。他看着一地棉苗，叹口长气："嘻——"

我上高中的时候，全乡中只有我一个应届生考入县一中，他套着大马车送我。

议婚的时候，小孩的爷爷（我被群殴的时候，他是现场总指挥）说："荣霞过了门，我们一定会好好待她，不让她受一点委屈……"我爹回来后黑着脸，说："还没订婚呢，先说起过门的事来了！"我娘说："不舍得了吧。再不舍得你闺女也得出嫁。"

生了小孩，满月回娘家，他套着大马车来接我。回去一看，母亲和嫂子正吵架，我恨这不太平，收拾包袱要走，我爹怔怔地看一会儿我，扭头去了西屋。我赶过去一看，他蹲在地上，肩膀一耸一耸的，没有声音。地上一滴一滴的水砸下来，像大血点。那是我平生第一次见他哭。

夫妻分崩后的第一个大年初一，还是在我家，吃过饺子，换过衣服，我走进去，对父亲说："我给您老人家磕个头吧。"然后趴下，恭恭敬敬地，磕头。父亲老泪纵横。

他三十多岁才生下来的小女儿，被娇养长大的小女儿，从来不舍得骂过一句、捅过一指头的小女儿，千辛万苦才供出来的大学生小女儿，长这么大从来没有给他磕过一个头。我给他磕第一个头的时候，他已经七十五岁了。

这么多年，他一直憨厚而沉默，我一直叛逆和孤独。我好像生下来就已经四十岁；又好像虽然四十岁，心里还关着一个耷拉着脸的别扭小孩。可是我和他在一起，虽然沉默，却不尴尬，好像静水流深，水上是静默的长脖子鹅。这种感觉让我们俩都很享受，他就很自在地端坐着，我就很自在地嗑瓜子儿。

直到去年冬天，他从床上摔下来。我一个人在家，背也背不动，抱也抱不动，没奈何揽着他在凉地上坐着。屋内还没供暖，我给他围上被子，像拥着婴儿。猫咪在门边探头探脑，他就说："看，猫想来搭把手呢。"他又跟我分析，说："一个人抬不动我，得两个人。"我说爹，你看你的黑头发比我的还多，长寿眉没白长。他说："长寿眉还管这个呀？"我说长长寿眉的人能活大岁数，头发就白的长成黑的了。他又说："动不了是个麻烦事。"印象中，这是我和他交流最多的一次。

后来，他就彻底卧床，神智越来越萎缩，好几天晚上喊叫着要起床锄地，又骂我娘："天亮了，还不做饭，你想饿死我？"我娘说你去说说他！我就去跟他讲："爹，你晚上闹，我睡不好，白天打瞌睡，上班老挨骂。"从此他再没有晚上闹过，越来越安静，像一个听话的大婴儿，让睡就睡，让吃就吃。我娘说："你爹就听你的话。"我长长叹口气。我倒宁愿他闹啊。

现在，他差不多算是彻底回归到婴儿状态，绑在他身上的那些看不见的绳绳索索纷纷解体，他想哭就哭，想笑就笑，大小便也不加控制，苦的累的是我的娘，我娘骂他，他就那样"嘻嘻嘻，嘻嘻嘻"。我争取尽量多地回去，可到底不能像以前，转个身就能看见，推开门就能看见，下个班就能看见。每次回娘家，我都歪着头逗他，他也识逗，乐得嘎嘎的。近来的保留节目就是问："我是谁呀？"

他就一如既往地回答："荣霞呀。"

我要走的时候，就跟他招手，说："爹，再见，再见。"他傻看着，我走过去，举起他的手摇晃，说："再见，再见。"他学会了，就冲我缓慢地举起手，五指一张一蜷，说："再见，再见。"我笑着出门，又回头警告他："我再来不许认不得我啊。"

"哦，哦。"他乖乖地点头。

坐在回程的车上，我全身好像被抽了筋，脸上摆不出一点表情，什么也不想干，就想找一个没人的地方大哭几声。傻子都知道他在一步步迈向黑暗的死亡——对他来说未必黑暗，说不定走过黑暗的深渊，灵魂可以自由飞翔，可这对我是深不见底的墓坑。没有人再像他那样疼我，我的世界很快就会没有温暖和光。

可是我必须笑，只能笑。四十多岁的女人，疲惫得只恨不得快快卸下一切重担，可是还要逗爹玩。如今才明白老莱子斑衣戏彩娱亲的心情，他何尝不累，却是双亲在，不敢老。

爹呀，我也不敢老。

点　评

　　作者写文，不仅仅是一字一句的堆砌，她的笔蘸的是自己的血泪。如果只是写父亲，写父亲的老境颓唐，则少了动人心的力量，写父亲的同时写自己，写父亲对自己的爱，写自己生活的痛，一句话"我不敢老"，蕴含了多么悲切的无奈。作者强颜欢笑，撑一颗疲惫又伤痕累累的心，看至亲的父亲一步步滑向死亡，自己想消沉却不敢消沉，很疲惫却不能疲惫，要放弃又不敢放弃，痛不痛？你的心，我的心！

鸭子胸前的玫瑰

作家心语：死亡就是一个温柔的骷髅头，消解了时光的丰稀肥艳，穿一身家常的睡袍，毫不起眼地随在我们左右，直到生命尽头。当我们死去，他会惆怅，然后放一枝玫瑰在我们的胸前，送我们安详上路，启程到另一端。

一只鸭子最近老觉得有什么东西跟着自己，一扭头，看见一个人，长着一个骷髅头，穿一身黑黄格子的长袍——也许是睡衣？他整个人也长得黄乎乎的。背在背后的黑乎乎的手里拿一枝红玫瑰——其实也不是红啦，是黑红黑红的颜色，好像凝血。

鸭子问："你是谁？"他说："我是死神。"

鸭子吓一跳。

鸭子还以为他是来带它走的呢，但是不是。他只是陪着它，据他说从鸭子一出生，他就一直陪着它了，好"以防万一"。至于这个"万一"是什么，那肯定不是咳嗽啦，感冒啦，碰上意外啦，或者说是遇上狐狸，因为那是生命之神的工作。至于这个"万一"是什么，死神仍旧没有说。

不过，这个死神好友好啊，还对鸭子笑呢。鸭子甚至忘了对死神的害怕，还邀请他到池塘里玩，死神想："真是怕什么来什么。"

在池塘里，鸭子一头扎进水里捞小鱼，把两只脚丫子和硕大的屁股都倒着竖向天空，屁股上还有圆圆小小的屁股眼儿。死神可不，他说："请原谅。我必须离开这个湿乎乎的地方。"原来他讨厌水。死神也有害怕的东西呢。鸭子以为他冷，于是就把自己全身覆盖在死神身上，为他取暖。它一旦放松了身体就软软的，像给死神盖上一件不太严实的毛皮大衣。死神想：还从来没有谁对自己这么好过呢。

第二天早晨，鸭子一睁眼，发现自己没有死，高兴地呱呱大叫，和死神东说西说："有些鸭子说，我们死后会变成天使，可以坐在云端往下看。"死神被它吵醒，坐起来附和说："很有可能。你本来就有翅膀。""还有些鸭子说，深深的地下就是炼狱。如果活着的时候不做一只好鸭子，死后就会变成烤鸭。"死神说："你们鸭子真能编些离奇的故事。不过，谁知道呢？"死神一边和鸭子在一起走，一边双手仍旧背在背后，手里想必仍旧拿着那枝从来不离手的黑红玫瑰。

死神邀请鸭子爬树，鸭子的眼瞪得圆圆的。这它可不擅长啊！不过经过一番艰苦卓绝的努力，它还是和死神一起坐在高高的树冠上。遥望整天戏水的池塘，鸭子难过起来了："有一天我死了，池塘会很孤单的。"死神说："等你死了，池塘也会陪你一起消失——至少对你是这样。"鸭子说："那我就放心了。到……到时，我就用不着为这件事难过了。"它还是说不出"到死时"。

很奇怪，当我听到鸭子这样说的时候，我也放心了。原来等我死的时候，我所深爱与相伴的这一切，天空、大地、风、日、云彩、我的书、我写过的字，都仍旧在陪着我。我闭上眼的那一刻，我带走了属于我的整个世界，这样，我的天空、我的大地、我的风、我的日、我的云彩、我的书、我的字，就都不用孤单了。当然，我也不孤单了。

一天晚上，雪花轻柔地飘落，事情终于发生了。鸭子不再呼吸，把身子挺得长长的，长长的黄嘴巴竖直地冲着天空，两只小黄脚丫并在一起，眼睛闭起，像一弯上弦月。它死了。"死神抚平了鸭子被风吹乱的羽毛，将它托在双臂上，来到了一条大河边。"鸭子的脖子在他温柔的臂弯里柔软地垂落下来。死神把鸭子小心翼翼放进水中，然后轻轻一推，送它上路。鸭子在水里，就像在它自己的眠床上——水本来就是它的眠床，两翅并拢，长嘴向天，两只铲子一样的小脚乖乖地并拢，眼睛美美地弯成上弦月，顺水流去。它的胸前，放着那枝玫瑰。

死神一直在陪伴，在等待，等待用玫瑰温柔地送行。

这本德国沃尔夫·埃布鲁赫画的绘本《当鸭子遇见死神》（新蕾出版社，2013年9月，第1版），笔触不算漂亮，造型也不空灵，颜色土土黄黄，一点也不粉嫩，可是实在、踏实，好像人们常吃的面包。看了他的绘本，让人觉得好像死神就应当是这个样子的。干吗非得拿着长长的弯柄镰刀穷凶极恶地收割生命呢？要不然就像美国电影《死神来了》那样，对生命穷追不舍？死亡就是一个温柔的骷髅头，消解了时光的丰秾肥艳，穿一身家常的睡袍，毫不起眼地随在我们左右，直到生命尽头。当我们死去，他会惆怅，然后放一枝玫瑰在我们的胸前，送我们安详上路，启程到另一端。

一个女友的母亲得了不好的病，她把母亲送到医院，然后看见炼狱般的景象。求医者无分老少，脸上满满地写着痛苦、恐惧、麻木和绝望。一个老和尚被几个小和尚服侍着，也来问诊。女友说，和尚不是看透生死的吗？为什么也如此执着？可是生与死，哪能看得那么透脱，可怕的死亡在即，谁又能不那么执着？

大概没人会相信，一个四十多岁的中年女人，看惯了也习惯了世界和自己的铁石心肠，当看到鸭子胸前的玫瑰，大哭了一场。

★ **点 评**

绘本《当鸭子遇见死神》很温柔，作者的文笔很温柔，死神也很温柔。绘本用这个故事，用死神温柔的陪伴化解了死亡的恐怖。作者用这篇温柔的解说，把镜头聚焦到鸭子胸前的玫瑰，来阐释死亡的真谛：是回家，抑或是又一次的启程。那一场大哭倾泻的，不是痛苦，不是恐怖，而是感动。表达的欲望是写作最核心的动力。你有没有令自己感动乃至落泪的一本书？有没有欲望把它写出来？

掌心化雪

作家心语： 一个温暖的眼神，一句轻轻的鼓励，都足以变成一个人心中的蜂飞蝶舞，水绿山蓝。因为现实如此冰冷坚硬，人心更要柔软，好比掌心化雪，滴滴晶莹。

这是一个真实故事。

她丑得名副其实，肤黑牙突，大嘴暴睛，神情怪异，好像还没发育好的类人猿，又像《西游记》里被孙悟空打死的那个鲇鱼怪。爸爸妈妈都不喜欢她，有了好吃的好玩的，也只给她漂亮的妹妹。她从来都生活在被忽略的角落。

在学校，丑女孩更是备受歧视，坐在最后面，守着孤独的世界。有一回，班里最靓的女生和她在狭窄的走廊遇上，一脸鄙夷，小心翼翼地挨着墙走，生怕被她碰着，哪怕是衣角。丑女孩满怀愤懑，又无处诉说，回家躺在黑暗里咬牙切齿，酝酿复仇——她要买瓶硫酸，送给同班的靓女；甚至妹妹也要"变丑"，逼着父母学会一视同仁。

不是没有犹豫。她一直善良，碰见走失的猫狗都会照顾。于是，她蒙着纱巾，遮盖住丑陋的面孔，去见中科院心理研究所的老师。哪怕对方有丁点厌恶，都足以把她推下悬崖。老师眼神明净，声音柔和，鼓励她解下纱巾。她踌躇地照做了。老师微笑着起身，走过来，轻轻拥抱住她。那一刻，陌生温暖的怀抱，化解了她身上的戾气，让她莫名落泪。从此，丑女孩一改阴郁仇视的眼神，微笑的她最终被父母、同学接受。

只需一个拥抱，就能改变一个人的一个小时，一天，一个月，乃至一生。

平凡如我们，都需要这样的爱，相互鼓舞慰藉。

记得有一次，我去医院看眼睛，被点了药水之后，刚才熟悉的世界陡然陷入黑暗。身外一片人声扰攘，脚步杂乱，我却战战兢兢不敢举步，恍惚只觉面前横亘万丈深渊。幸好有只手伸过来，轻轻把我送到长椅上坐定。这只陌生的手让我渐渐安心，心情坦然。

我的一个朋友只是市井小人物，但是"无缘大慈，同体大悲"的精神，深入骨髓。他每月工资少得可怜，从不肯乱花一分钱，但是身上总是带着硬币，施与沿途乞讨的老人。有一天，我们结伴回家，他看到一位老人在秋风中双手抱膝，脑袋低垂到胸前，瑟瑟颤抖，马上掏出零钱，又拉着我走到附近一家小吃店，买了几个热包子，放到老人面前。他做这一切都很自然，从不骄矜自喜，反而觉得羞愧，羞愧自己能力不够，无法盖得广厦千万间，大庇天下寒士俱欢颜。

这个世界流行的是强者和超人，渺小如蝼蚁、脆弱似玻璃的小人物，更需要洞察幽微的眼睛，需要有力的手，带他们走出窘境。假如你碰到黑暗里挣扎的人，请不要背过身去，伸出一只手，就能给对方一个春天，让一颗心慢慢复苏。即使对方并不知道你是谁，也会一直记得你掌心的温度。不以善小而不为——一个温暖的眼神，一句轻轻的鼓励，都足以变成一个人心中的蜂飞蝶舞，水绿山蓝。因为现实如此冰冷坚硬，人心更要柔软，好比掌心化雪，滴滴晶莹。

★ **点　评**

　　一篇好文章必得有一个好题目，好题目可以概括文章的内容，可以设置悬念吸引读者读下去，可以做文章的线索，贯穿全文，也可以奠定文章的感情基调。本文一看题目，就会感觉有暖暖的如阳光般的气息扑面而来，而一个拥抱、一次引领、几个热包子，本文记录的生活的点点滴滴，温暖了每位读者。写法上也可资借鉴，是中高考作文备考的常见选文类型。

一条通向灵魂的道路

作家心语： 真正的艺术家只想找到一条通向灵魂的道路，没有时间为自己的所谓"成功"自满，也不会通过绯闻自抬身价。走在大街上，没有人注意他———他的身上散发的，是深沉而内敛的光华。

晚上，看到中央一套水均益的《高端访谈》，被采访者是西班牙舞蹈家阿依达。她带着西班牙弗拉明戈舞《莎乐美》来中国演出，用身体的律动表达一种超越了欢乐和痛苦的、直逼生命深处的悲情，她的舞姿给人的感觉是，她把生命化成一团燃烧的火。

看她的舞蹈，谁也想象不到她是一个病人。当年，十岁的小阿依达正劲头十足地活跃在舞台上，剧烈的背痛让她突然无法活动，经过诊断，她患了脊柱侧弯，而且很严重，已经弯成了S形。S形的脊柱怎么能支撑身体呢？十几个医生都给她下了禁令，要她彻底离开舞台，否则她的脊柱会越来越弯，她会越来越疼，终有一天，她会死。小姑娘不明白死意味着什么，对舞蹈的热爱让她满不在乎地回答："哦，不，我就是要跳舞，哪怕死在舞台上。"

从那以后，她就一直戴着折磨人的金属矫正器，跳啊跳，一路舞遍全世界。过海关的时候，她把自己的矫正器从身上摘下来，搁在包里，但是过安检门时，电子警报器照样会响，搞得气氛大为紧张，于是她就把包拉开，让人看这么多年一直支撑她的钢铁骨架。水均益问她："跳舞的时候怎么办呢？""啊，"她笑着说，"跳舞的时候摘下来，跳完再戴上。"

看着已不年轻的阿依达，每个人都很明白岁月和疾病的残酷，二者联手，不会让这个女人长久活跃在舞台上的。"那么，"水均益问，"你想过自己还能舞多久吗？离开了跳舞，你怎么办呢？"阿依达露出明快的笑容："我将一直跳到实在跳不动为止。然后，我就退下来当舞蹈教师，仍旧可以活在舞蹈中间。"水均益接着问了一个每个人都想知道的问题："对你而言，舞蹈占什么位置？"她想了一下，很诚实地回答："好多人都问过我这个问题，可是我也说不好。对我来说，舞蹈就是生命，生命就是一场舞蹈，除了死亡，没有什么能阻止我一直跳下去。"她不肯和命运讲和，她就是要跳，无论前面是鸿沟、海水、天堑、荆棘，她都要一路舞着过去，哪怕一路走一路鲜血淋漓。

这样一个有着坚韧意志和取得了巨大成就，并把西班牙民族舞介绍给全世界的人，竟然很低调。她坐在那里，一直微笑着，有时笑出声来，就像一个平常的家庭主妇的声音，沙哑和低沉。她并不觉得自己取得了多么大的成功。她说："所谓的成功，不过是一个过程。"正是对舞蹈的痴迷，让她忽略了表面上的"成功"，而在舞台上孜孜不倦地表达对生命的热爱，对艺术的追寻。

基于这种热爱，她准备在中国开设弗拉明戈舞培训班。我不敢说她一定能够成功，能够关注生命和艺术的人毕竟不多。但是她的一句话深深打动了我，她说："我想用弗拉明戈舞修筑一条通向灵魂的道路。"

这是一个舞蹈家最深刻的宣言，她所做的一切，摒弃浮华，直指灵魂。一个长久沉浸在美和艺术中的人，对生命格外敏感，才会有这样的目标指向，而这种指向，使她成为在舞蹈和生命道路上的一个坚韧的朝圣者。

我想起了古往今来的艺术家们，包括达利、毕加索、作家塞万提斯和他创造出来的那个执着而癫狂的堂吉诃德、凡·高、屈原……他们不约而同地代表一种精神，并在这种精神支配下，进行舞蹈、写作、绘画、雕塑，或者四处闯荡，渴望通过种种方式，到达生命的核心，看看那里面都有些什么。

这样的人，没有时间为自己的所谓"成功"自满，也不会通过绯闻自抬身价。走在大街上，没有人注意他——他的身上散发的，是深沉而内敛的光华。

点 评

阿依达在用弗拉明戈舞修筑一条通向灵魂的道路，作者是在用文字修筑属于自己的通向灵魂的路。那么，我们每个人呢？我们又是通过什么，或者借助什么通向自己的灵魂呢？

土瓦罐和青玉罐

> **作家心语：**想欺瞒的时候，不敢欺瞒，想使诈的时候，不敢使诈，想阴暗的时候，不敢阴暗，想毁约的时候，信守约定，想自暴自弃的时候，不敢轻易举步，怕一举步就是深渊。

急用钱。银行不放贷，需要去借款。走三家不如并一家，直接给一个朋友打电话。

和这个朋友认识三年，只见过一面。我跑到千里之外去找她，她把一切都放下，一气陪了我十天，看西湖，看拙政园，吃东坡肉，吃鱼，吃虾，吃蟹，坐船，下着雨听昆曲，看周庄河桥两边蜿蜒的红灯笼，还有一个浅醉微醺的老男人，萍水相逢，在丝丝细雨里唱歌给我们听。

这次我要借十几万，她二话不说就把钱打过来了。我说我给你写张借条吧，她说不用不用，那多不好意思的，接着又说了一句话："你的信誉就值一千万。"

遍身微汗。这话，真令我……惭愧不安。

刚和一个朋友渐行渐远。世路如棋，黑白不知，当初他接近我，观察我，我知道他在接近我，观察我。他研究我，我也知道他在研究我。如今他得出了研究我的结果，我也知道他得出了研究我的结果。他得出的结果是什么，他清楚，我也明白：想着我是一个天使的，结果我没有那么白；想着我是一只凤凰，我却是一只乌突突的麻雀；想着我穿着红舞鞋跳舞，我却弯着腰在田里拾麦；想着我非醴泉不饮，非练实不食，我却吃的人间饭，喝的人间水，认同人间的一切规则——我不是飞天，没有在画里飞的清高和寂寞，这个认知让他退却。

他走了。

我让他走。不做辩解。

从小到大，我一直是"被"字打头的那一个。被疼爱，被护持，被惦记，被关心，被支援，被信任，被帮助。有时候也会被辜负，被伤害，被遗忘，被轻蔑，被孤立，被厌恶。

日子久了，不等人厌我，通常我就会远离了。不等人负我，通常我就遁走了。不等人轻我蔑我，通常我有多远躲多远，直到你的视线里再也看不见我。至于被遗忘，被孤立，被厌恶，不要紧，我早当自己是秋野荒凉的柴火垛，寂寞里开花也是好的。

而当面对疼爱、护持、惦记、关心、支援、信任、帮助的时候，我又总是害怕多过欣喜。小时候，农村尘土连天的庙会上，会有马戏团荡秋千，高空里几根秋千吊索，几个人一荡一荡，你来我往，一个人凌空飞起，我看着他，手心出汗，心里说：掉下去了，要掉下去了，要摔死了……结果未及想完，这个人伸出去的手已被另一个人稳稳接住。可是，万一接不住呢？万一跳的人走了神，或者接的人分了心呢？万一两个人有仇呢？……

这个认知让我害怕，与其如此，何如抱臂敛手蹲在地面，强似飞在半悬空里无手可执，无臂可捉。耳边风声呼啸，下边，就是渺不可知的悬崖啊。

可是世路蜿蜒几十年，不论是曾经自己摔下来，还是被人推下来，哪一次没有人半路伸出胳膊，扶住我，接住我呢？如今我的家，我的房，我翼护的一切，我的所有所得，哪一桩哪一件又是我一力所得？

一个黑小孩乘船失足落水，拼命挣扎，船上人发现，返回救他。船长问他为什么能坚持这么久，他说我知道你会来救我，你一定，一定会来救我。船长白发苍苍，跪在这个黑小孩面前，说谢谢你，是你救了我，我为到底要不要回来救你时的犹豫感到耻辱。

我也感到耻辱。我为自己对人类的善意的不信任感到耻辱。长久以来，我的心如瓦罐，颜色晦暗。朋友的信任像柔软的稻草，把斑斑土锈擦掉，渐渐地，让它显出美好的，青玉的颜色。时日长久，我都忘了，自己的心，原来，是一只青玉的罐啊。

从今以后，想欺瞒的时候，不敢欺瞒，想使诈的时候，不敢使诈，想阴暗的时候，不敢阴暗，想毁约的时候，信守约定，想自暴自弃的时候，不敢轻易举步，怕一举步就是深渊。因为不光天在看，还有人在看。我管别人看不看，反正我的朋友在看。所以对待生命，不敢漫不经心——朋友的信任让我对自己格外尊敬。黑格尔说："人应当尊敬自己，并应自视能配得上最高尚的东西。"我尊敬了自己，只为能够配得上更高尚的东西。

所以，哪里是我的信誉值一千万，是朋友的信任值一千万。

昨夜，夜色已深，这个朋友打来电话却不说话，那边传来鼓掌声、笑声、歌声。是蔡琴的专场演唱会，她特地从千里之外让我听。静夜温软，一如花颜。一颗心又痛又痒，宛如嫩芽初生，叶头红紫，跳荡着日光。

★ 点 评

　　最欣赏文章中的这组比喻："心如瓦罐，颜色晦暗"，朋友的信任如"柔软的稻草"擦掉锈迹斑斑，显露出"青玉罐"的本来面目。心灵在成长中逐渐蒙尘，不复晶莹剔透的本来面目，成了一只土瓦罐。朋友的信任与朋友的爱，拂去尘埃，心灵宛如"嫩芽初生"，好美好贴切的比喻！好的比喻不仅可以增色添彩，甚至还可以支撑起整篇文章，令其生动感人。本文文采斐然，值得我们学习；同时它也常见于中高考语文阅读理解题中。

女儿枕

作家心语：母亲，你觉得你的衰老是可耻的，你的无力让你无能为力，可是你的面前是你亲生亲养的女儿，你情不自禁露出的惭色，是对我的鞭挞和斥责。

母亲抱过来一个枕头，说："给你枕。"

我接过来细看，然后大笑。

这枕头，拳头大的蓝圆顶，用数十年前流行的女红工艺"拉锁子"，各勾勒了两片南瓜叶、一朵五瓣花、三根卷须子。蓝顶周围又镶了一圈四指宽的果绿布。大红绒布为身，红布身和绿枕顶接壤的地带，又一头用两块小小的菱形花布缝上去做装饰。整个枕头，两头粗，中间细，娇俏，喜庆，憨态可掬，像个小胖美人掐着小腰肢。

这让我想起十六年前的小女儿。她刚满一周岁就被送到农村，小丫头被我娘喂养得白白胖胖，穿着特地给她做的裹得紧紧的小棉袄小棉裤，在这样大雪纷飞的季节，整个人像一个瓷实的小棒槌，小脸蛋红润发光，像石榴籽，嘻着小红嘴，嚷嚷着："耶耶耶！"手舞足蹈，兴高采烈。

我娘的手极巧，她是飞翔在柳润烟浓土膏肥沃的农耕时代的一只红嘴绿鹦哥，若是出身富贵，那便是整日不出绣楼，绣香袋、描鞋样、给兄弟做丝绫覆面的鞋；即使出身寒门，纳鞋底啦，绣花啦，给小娃娃做老虎头鞋啦，没有不拿得起放得下的。

在做这些针头线脑的活计的过程中，她入神的哼哼唱唱如波平水镜，映照出一个乡村少妇恬静自足的内心。那一刻，她忘了囤里没有余粮，炕席底下没有余钱，将近年关，大人娃娃的新衣裳尚且远在天边，猪肉也没得一斤。好像用一根银针穿上五彩丝线，便能够绣出一个明丽如绸的春天。而我那经常被心烦的她呵骂的惊惶的心也踏实下来，无比安定，守在她的身边，像一只猫咪晒着太阳卧在花丛。

现在女儿已读高中，青青子衿，悠悠女心。人也拔条长开，像根青竹绽着碧叶。她大了，我老了，鬓边银丝初现，我娘更像根老去的芦茅，银发纷披，一根黑丝也看不见。

今天我颈肩疼痛，起动困难，病卧在家，渐觉烟气笼人，呛咳流泪，回过神来，劈破音地大叫："娘——娘——""咔嗒"一声门响，母亲从她的卧室里冲出来，连声地说："坏了坏了！"

不用她说我也知道坏了了。

我撑着爬起来，出去看，她又在熬花椒水！又忘了关火！

昨天夜里她熬花椒水熬到干汤，幸亏我凑巧进厨房，替她把火关上。看着今天又被烧得通红的铁锅，我摁着疼痛的颈椎，口气怎么也轻松不起来：

"花椒水这种东西，本来就是可用可不用，以后把这道工序省了！不要再熬了！"

我的母亲好像没听见，开油烟机，开水龙头，开窗，冰冷的西北风扑面迎上。我兀自检查炉灶，排查隐患，过一会儿才随口问："你熬花椒水干吗？"

她扭过头来，看了我一眼，说："我想给你做臭豆腐……"

那一眼让我的心霎时间如同刀剜——她那张皱纹纵横的老脸上，是满满的羞惭。

什么时候，她这么老了？

从我记事起，她的两颊就酡红平展，像枚光壳的鸡蛋。农村妇女不懂打扮，平时只用猪胰子洗脸，把她洗出一副好面相。可是现在她脸色灰黄枯干，脸上是纵横的沟壑，嘴巴可笑地向里瘪着——安了假牙后特有的情状——一副老婆婆相。

现在我才恍然惊觉：她有好久不再像爆炭一般发脾气、骂人，她戴老花镜也戴了好多年，而给小老虎头鞋上绣花似乎是上辈子的事情。不知道打什么时候起，她就偷偷老在我的面前。

农村苦寒，这几年她都和老父亲一起搬来依附我过冬，刚开始还颇有精神地说我买米费钱，买面费钱，买东买西一概费钱，还想替我当家，我坚决不让。笑话，那是我的家啊我的家。现在我买东西她不再挑剔，我下班回家也不会见到她冲着我使小性子发小脾气，躺在炕上不吃东西——母亲五岁失母，上有父亲以及两兄一姐，自是对她倍加怜惜；结了婚我父亲性子温厚，也同样对她倍加怜惜，所以她的发脾气使性子是非常经常的事。她躺在炕上，"哼哼哼，哼哼哼……"我爹端着饭碗，说："起来吧，吃口东西……"

她跟我住后，还是那样，"哼哼哼，哼哼哼"。我爹已经得了半身不遂，有心无力，眼巴巴看着我，我只好去劝："起来吧，吃口东西……"直到她觉得收到的关心够了，又开始高兴，整座房子都回荡着她"嘎嘎嘎"的笑声。我把自己锁在房间，猛拍键盘……

她爱闹，我爱静，她轻浅，我沉重，我们母女，真是天生的眼不对睛。

可是今年我买东西她一概说好，我回到家桌子上已摆好热饭。除此之外，几乎感觉不到她的存在。她的房门紧闭，没有丝毫的声息外泄。

她的人生已经结束了征战，她拱手让出生活的所有大权，只保留一点根据地小如鸡蛋，在这个鸡蛋壳里竭尽全力做道场。我每天都能享受到"亲娘牌"的丰盛午餐：

一盆腌酸菜——芥菜疙瘩和萝卜缨，洗净，切丝，加水，冰天雪地地放在外面，一直到它糟得酸了，然后拿来，汤汤水水，略加一点盐花，吃一口，奶酸宜人，喝一口汤，冰凉舒爽。

一盘素菜饺——韭黄，略加两个鸡蛋、粉条。

一碗盐腌的白菜根——叶子被母亲给我熬菜或是包饺子吃了，根也给我加盐腌起来，知道我爱吃这样家腌的小咸菜。

一碗面片汤——面片是她亲手擀的，辣椒油和蒜瓣炝锅，冰雪寒天，喝上一碗，浑身都暖。

一盘豆面儿和小米面混蒸的窝窝头。她亲手蒸的。

麻花——她亲自和面，亲自放上黑糖，亲手炸的。

样样都是我爱吃的。若不是熬花椒水熬出祸来，过两天，我就能吃上最爱的臭豆腐了。

外面觥筹交错，不抵娘熬的一碗薄粥。

外面山珍海味，不抵娘蒸的一个窝窝头。

可是今天熬花椒水被我禁止，明年，谁知道又会以衰老为由，禁止她的什么技能？我享受娘饭的机会，就像拿在手头的钞票，只能是越花越少，越花越少。

可是我的娘啊你又为什么羞惭？

你觉得你的衰老是可耻的，你的无力让你无能为力，可是你的面前是你亲生亲养的女儿，你情不自禁露出的惭色，是对我的鞭挞和斥责。鞭挞我的坚硬，斥责我的冷漠。我每天回到家仍旧是工作连着工作，何曾坐在一起，和你话过一回家常？我的心裹着一层厚厚的茧，外面还裹着一层冰霜。

我的自责闪现，她马上把惭色收敛，像是冰皮快速没入水面，把注意力转到我脖子上面，试探地揉一下："疼啊？"

我不在意地闪开："没事，老毛病。"时至今日，不管你相信不相信，我已经不再习惯任何人，哪怕是亲生父母的任何触碰。我这个冷情冷心冷肝冷肺的女人。

"哦。"她转身进了自己的房间。

我吃饭，午休，午休完毕起来做事，一气埋头到傍晚。她进来了，抱着这个枕头，说："给你枕。"

我抱着它，又笑又疼。天知道她是怎么戴着老花镜，拈着绣花针，针走线穿，做这项对于七十岁的老人来说十分浩大的工程？

城里人枕洋枕，乡下人枕圆枕，像这样中间掐腰的枕头我平生仅见。我娘没学过历史，也没见过"孩儿枕"，不知道有个瓷做的小孩儿，跷着小光脚，洼着小腰，趴在那里眯眯笑。她只是福至心灵，专给我这个四十岁的老姑娘做了一个"女儿枕"。我决定不用它睡觉，要安放茶室，当成清供，明黄的榻上它安详横陈，如同青花瓷盆里水浸白石，九子兰生长娉婷。

可是她说："要天天枕着睡觉啊，治颈椎病。"

母亲又走了，轻手轻脚回她房间。

暮色四合，一室俱静。

我搂着枕头，像搂着一笔横财。

点 评

　　一个母亲亲手做的女儿枕，作者用笔细细描绘，一针一线都是母亲对女儿的爱。女儿枕穿起母亲和"我"的关系，母亲为"我"做的一切。她发现了母亲的老态，她渲染"亲娘牌"丰盛午餐，她特写母亲的羞惭神色，自责自己的冷漠……一个娇俏的女儿枕，唤醒了忙碌至麻木的女儿心。结尾，作者深情点题：母爱，是我们终生拥有的巨大财富！

后记

让心骑马走天涯

长久以来，从小到大，我们都被约束在种种樊篱之中，我们说着大家都说的话，做着大家都做的事，过着和大家一样的日子，思考着大家都在思考的问题，得出和大家差不多甚至是同样的结论，甚至为着同样的理由流着同样的眼泪。每个人都在追求独立和自我，可是事实上，却像牵牛花，爬藤攀缘。

为了避免这种尴尬，也许我们需要做的，也只是很少、很少的一点事情，比如：读一本好书，看一场电影，走一段长路，回忆一下过去的事和人，凡事换个角度看和想，让一颗心时刻鲜活、易于感动。

本书所选文章即以此为靶，请大家和笔者一起分享读过的书，看过的电影，走过的路，曾经有过的回忆与经历过的笑、暖和痛。然而，当我们一起做这些事的时候，其实每个人又都是读自己的书、看自己的电影、走自己的长路、沉浸在自己那黄旧发暗的时光、用自己的大脑想事情、动用自己的情感。

即便不曾拥有一个草原，倘能教我们的心骑马走天涯，那么本书纵是文章寒简，也便值了。

书中错讹之处难免，敬请读者朋友不吝指正。

凉月满天

11/30/2015

图书在版编目（CIP）数据

我没有草原，但我有过一匹马／凉月满天著；杨士
兰点评. —哈尔滨：哈尔滨出版社，2016.1
（高考语文热点作家作品精选）
ISBN 978-7-5484-2288-4

Ⅰ．①我… Ⅱ．①凉… ②杨… Ⅲ．①阅读课—高中
—课外读物 Ⅳ．①G634.333

中国版本图书馆CIP数据核字（2015）第230111号

书　　名：**我没有草原，但我有过一匹马**

作　　者：凉月满天　著　杨士兰　点评
责任编辑：杨浥新　滕　达
责任审校：李　战
装帧设计：上尚装帧设计

出版发行：哈尔滨出版社（Harbin Publishing House）
社　　址：哈尔滨市松北区世坤路738号9号楼　　邮编：150028
经　　销：全国新华书店
印　　刷：哈尔滨市石桥印务有限公司
网　　址：www.hrbcbs.com　　www.mifengniao.com
E - m a i l：hrbcbs@yeah.net
编辑版权热线：（0451）87900271　87900272
邮购热线：4006900345（0451）87900345　或登录蜜蜂鸟网站购买
销售热线：（0451）87900201　87900202　87900203

开　　本：787mm×1092mm　　　　1/16　　印张：16　　字数：215千字
版　　次：2016年1月第1版
印　　次：2016年1月第1次印刷
书　　号：ISBN 978-7-5484-2288-4
定　　价：28.00元

凡购本社图书发现印装错误，请与本社印制部联系调换。　服务热线：（0451）87900278
本社法律顾问：黑龙江佳鹏律师事务所

相关阅读推荐

中考语文热点作家作品精选

中考语文 热点作家作品精选 | 杯记得茶的香

中考语文 热点作家作品精选 | 静待时光安然成长

中考语文 热点作家作品精选 | 心灵痒痒挠

中考语文 热点作家作品精选 | 站在云朵之上看幸福

中考语文 热点作家作品精选 | 点亮自己，你就是一束光

高考语文热点作家作品精选

高考语文 热点作家作品精选 | 有一种态度比财富更重要

高考语文 热点作家作品精选 | 我没有草原，但我有过一匹马

高考语文 热点作家作品精选 | 时光清浅微雨在檐

高考语文 热点作家作品精选 | 青春的伤，痛过之后会长出翅膀

高考语文 热点作家作品精选 | 第一百朵玫瑰